ランチタイムが楽しみな
フランス人たち

Les Français aiment le déjeuner

吉田恵理子

Le déjeuner Salé Du Pâtissier

- <u>Tourte Lorraine</u> 12,50 €
- <u>Coulibiac de Saumon</u> 13,50 €
- <u>Feuilleté jambon, épinards, emmental</u> 11 €
- <u>Salades</u>: Parisienne, Valentin, Méditeranéenne, Sud-Ouest...
- <u>Quiches au choix</u> 9,80 €
- <u>Formules</u> 13 €

Salle à l'étage →

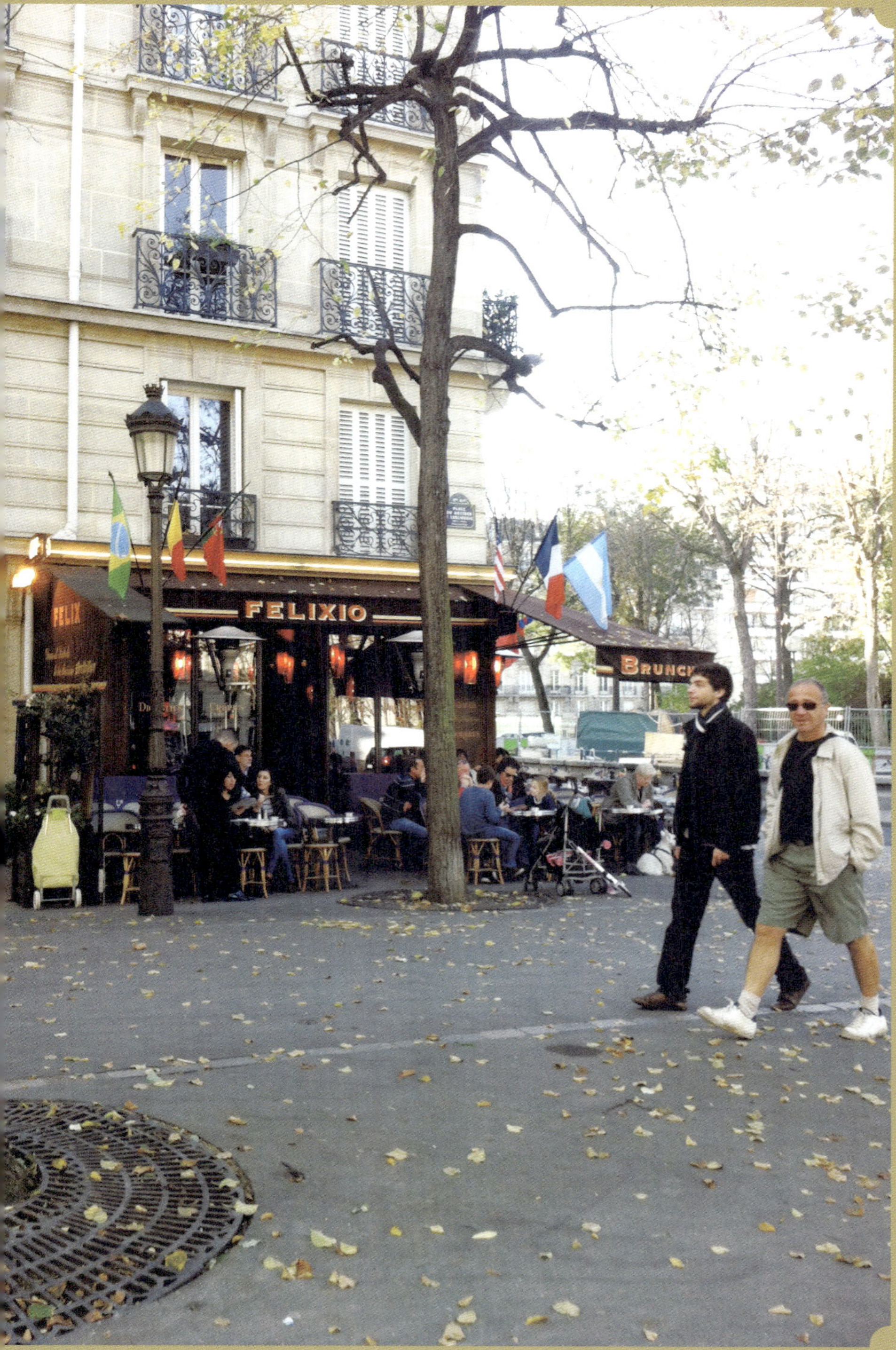
FELIXIO
FELIX
BRUNCH

Avant propos
はじめに

パリジェンヌ、パリジャンは、とっても食いしん坊。それは、フランス人全般にいえることでもあるのですが、とにかく食べること、飲むことが大好きです。しかもこだわりが強く、そしてとても情熱的。パンひとつ、バターひとつ、ハムひとつをとっても、激しく好みを主張し、そしてひとと議論します。たまにあきれてしまうほどです。食べることは、生きること、そして人生を楽しむこと。そう信じてやまない、愛すべき国民、フランス人。

さて、なぜパリのランチについて書くのかというと、彼らの一日でいちばん大きな食事がランチ（déjeuner デジュネ）だからです。いまほど時間に追われていなかった時代には、ウィークデイでも昼に家族であつまって食事をしていました。前菜（entrée アントレ）、メイン（plat プラ）、そしてデザート

（déssert デセール）にコーヒー（café カフェ）、もちろんたくさんのおしゃべりといっしょに。いまパリに住んでいて、毎日家族みんなでランチをとっているひとはほとんどいないでしょうけれど、ランチをメインの食事とするひとは多くいます。友だちと、同僚と、たまには上司と？　ランチタイムは、みんなの大きな楽しみです。

この本では、そんなパリのランチタイムに関する話を通して、食文化、そして街の風景をお伝えしたいと思います。それほど愛想も良くない店員、大雑把な対応、でもとびきりおいしい食事たち。フランスっぽくないけど、人気のちょっと意外なメニューや、あまり知られていないような食事のルールなど、盛りだくさん。みなさんのパリでのランチタイムが、いままで以上に楽しくなりますように。

Table des matières

1章　パリのランチノート　　008

- 01　きょうはどこで食べる？
- 02　パリのランチルール
- 03　入店は何時が正解？
- 04　ランチのワインは何杯まで？
- 05　パリのごはんは太らない？
- 06　食べ放題のパンにご用心！
- 07　パンはどこに置けばいい？
- 08　ナイフとフォークはどう使う？
- 09　ランチのための"サバイバル"フランス語

Chronique　食べる皿数は、好きなだけ　　038

2章　パリのランチメニュー　　040

- 01　日替わりメニュー
- 02　シンプルなジャンボン・ブール
- 03　オーガニック・マルシェでランチ
- 04　ベントーだいすき
- 05　パリのクレープは軽くない
- 06　サロン・ド・テで上品ランチ
- 07　菓子パンはごはんにならない
- 08　北マレのマルシェでランチ
- 09　愛されるボーブン
- 10　ステック・フリットと謎のソース
- 11　バーギャーが大ブーム
- 12　ケバブサンドでおなかいっぱい
- 13　ウナギが食べたくて
- 14　パリのスシ

15　なぜかコカが好き
16　サラダはヘルシーじゃない
17　"パリでいちばん"を食べるには
Chronique　店選びは、念入りに　086

3章　パリのランチタイム　088

01　パン屋は日本の弁当屋
02　歩き食べはパリっぽい？
03　公園はワインNG
04　フランス男性はスイーツ好き
05　おうちランチに呼ばれたら
06　うれしいオムレツと残念なオムレツ
07　手土産はうさぎの腎臓
08　辛いものが苦手なフランス人
09　猫舌なパリっ子たち
Chronique　パリジャンはテラスが好き　115

4章　パリのランチスタイル　116

01　ランチでもアペリティフ
02　テーブルセッティングにこだわる
03　家でも学校でもコース料理
04　食後のカフェはエクスプレス
05　パリの手作りベントー
06　カルボナーラなしでは生きられない
07　週末はブランチで
08　ごはんを残すのはマナー違反？
09　パリっ子的スマートに食べるテクニック

1章

パリのランチノート

Cahier de déjeuner à Paris

きょうはどこで食べる？ / パリのランチルール / 入店は何時が正解？ / ランチのワインは何杯まで？ / パリのごはんは太らない？ / 食べ放題のパンにご用心！ / パンはどこに置けばいい？ / ナイフとフォークはどう使う？ / ランチのための"サバイバル"フランス語

Chronique　食べる皿数は、好きなだけ

LOUSTIC
espresso de la semaine 2,5
NICARAGUA
Picolo latte
Thé

01 Où vais-je manger aujourd'hui?
きょうはどこで食べる？

朝の仕事がちょっと落ち着いた11時すぎ、みんなが考えるのは、きょうのランチをどこでとるか、ということ。忙しくてサンドイッチやファストフードのテイクアウトですませないといけないひと、また節約とヘルシー志向をかねて家からランチをもってきているひともいます。でも、もし時間がとれるなら、きょうもランチを外へ食べに行こうと、休み時間の訪れを数十分、心待ちにすることになります。
パリのランチには、どんなチョイスがあるのでしょう？　ごく簡単に分けるとすると、
　　(1) restaurant レストラン
　　(2) bistrot ビストロ

(3) café カフェ
(4) brasserie ブラッスリー
(5) salon de thé サロン・ド・テ
(6) cantine カンティーン
(7) fastfood ファストフード

といったところです。

(1) **レストラン**は、いちばん高級なイメージ。100 ユーロ以上する高級なところから、30 ユーロ程度で収まる比較的気軽なところまでありますが、毎日行ける価格ではありません。スーツを着たサラリーマンが会食しているのをよく見ますが、接待など特別な機会なのでしょう。もしくは、とってもお金持ちなのかも？　レストランでは、前菜＋メイン＋デザートを食べるのが一般的です。

(2) **ビストロ**は、レストランよりは気楽なところ。ランチタイムには 15 ユーロ程度のセットメニューがあったりと、価格も良心的です。レストランとのはっきりしたちがいを見つけるのは難しいのですが、テーブルクロスを敷いてあるのがレストラン、敷いていないのがビストロというのが、ひとつの見分けるポイントになります。多くの場合、セットメニューには前菜＋メイン、メイン＋デザート、前菜＋メイン＋デザートの組み合わせがあり、おなか具合にあわせて選ぶことができます。

(3) **カフェ**は、昔ながらのパリ風のカフェと、流行りのアメリカやオーストラリアのテイストが入ったカフェがあります。どちらでも、バゲットのサンドイッチやタルティーヌ（オープンサンド）、サラダなど軽食が食べられます。ちなみに、フランスではサラダは軽食といいつつも軽くはなく、肉やハム、たまごなどがたくさんのったメインになり得るものです。とろとろチーズのクロックムッシュ（チーズとハムをはさんだグリルサンド）も定番の人気メニュー。

1
2
3
4

(4) **ブラッスリー**はビストロとカフェの間といったところ。カフェのようなサンドイッチやサラダなどの軽食もありますが、よりきちんとした肉や魚の料理も置いています。ここは、一品だけ、例えばサラダだけでもOKです。

(5) **サロン・ド・テ**は、本来はお茶を楽しむところ。紅茶、中国茶、最近では日本茶などをすてきな空間で優雅にいただけます。食事メニューはサンドイッチやサラダなど、カフェと変わらない軽食なのですが、サンドイッチのパンがバゲットではなくパン・ド・ミ（食パン）になったり、サラダの飾り付けが華やかだったりと、全体的に上品なものが出てきます。

(6) **カンティーン**とは、ビストロよりももっと気軽な食堂。ただし、普通は店先にカンティーンとは書いていません。価格はおさえめ（5ユーロ程度から）。テイクアウトがOKの店もたくさんあります。ピザ、パスタ、中華、寿司、インド料理、ベトナム料理、レバノン料理など、バラエティも豊か。

(7) パリにももちろん**ファストフード**があります。「マクドナルド」（フランスではマクドと呼ばれています）「バーガーキング」またフランスで展開している「Quick（クイック）」というチェーンも。「ケンタッキー・フライド・チキン」もあります。日本でおなじみの店でも、なんとなく肉やソースの味が違ったり、フランス独特のメニューがあったりと、けっこう楽しめます。また、サンドイッチのチェーンも、「Brioche dorée（ブリオッシュ・ドレ）」「Midori（ミドリ）」「Croissonnerie（クロワ

---

1. ブルスのレストラン「サチュルヌ」の前菜（アントレ）。軽くスモークしたサーモン。
2. 冷凍食品専門スーパー「ピカール」のランチセット。店内で温めることができます。
3. サンティエの商店街には、ファストフード「クイック」のおしゃれバージョンがあります。
4. マレの大人気店「ラス・ドゥ・ファラフェル」のファラフェルサンド。いつも行列しています。

ッサヌリー）」などがあり、いろんな種類のサンドイッチが食べられます。味はとびぬけておいしいとは言えませんが、なにより気楽で、価格も安めです。

実際のところは、レストランといいつつもビストロより安かったり、カンティーンといいつつカフェのようだったりと、それぞれのカテゴリーはあいまいなのですが、とりあえずの参考までに。その日の気分、そしてサイフと相談して、ランチへと出かけましょう！

サンドイッチ専門店「クロワッサヌリー」はカジュアルで買いやすい雰囲気。

02 Les règles du déjeuner
パリのランチルール

むずかしいルールというわけではないのですが、いくつか覚えておくといいものがあります。店に入るときから出るときまでを通して、見ていきましょう。

⚜ 人気の店は予約を

入店より前の話になりますが、人気のある店は予約をしておくと確実です。有名店や高いレストランでなくても、昼どきに混む店では、予約のできるところがたくさんあります。電話で話すのは苦手、という場合は、当日より前に訪れて、直接の予約がおすすめです。

⚜ 喫煙希望の場合はテラス席に

店に入ったら、まず人数を伝えます。店内は法律で完全禁煙ですが、テラス席はだいたい喫煙可なので、タバコを吸いたいひとはテラス席を指定しましょう。パリの店は席の間隔が狭く、また相席を頼まれるときもあります。ちょっと窮屈ですが、そういうものだと思いましょう。隣のひととぶつかったりしても、気にすることはありません。地元のひとは、その狭さに慣れています。

⚜ 前菜だけのオーダーは原則 NG

席に座ると、メニューが手渡されます。黒板メニューの店もあります。黒板の場合、字が読みにくいことが多いのですが、気にせずに「これはなに？」と聞いてみましょう。簡単な説明をしてくれるはずです。レストランでは前菜とメインを頼んだほうがスマート。他のカテゴリーの店では、メインだけでも大丈夫。ただし、前菜だけというのはあまり見かけません。

⚜ メニューの取り分けはしてもいい？

たとえ量が多くて数人で分けたいとしても、それが一人前の場合は取り分けはできません。人数分、メニューを頼んで、それを各々が食べるのがルールなのです。でも、せっかく友だちと違うメニューを頼んだなら、ほかの味も楽しみたいもの。そういう場合は、行儀がいいとはいえませんが、ひと口分だけを切って、ほかのひとの皿においておすそ分けする、または皿ごと一瞬だけ交換してしまうのもいいかもしれません。ただし、外国人客に慣れている店では、取り分けOKのところもあります。とりあえず聞いてみる、というのも手かもしれません。ちなみに、中華料理や、タパスバーは取り分けが前提のところが多くなっています。

⚜ 無料の水も頼める

無事に食事の注文ができたなら、飲み物を頼みます。ワインでもビールでも水でも、好きなものを頼みましょう。水の種類ではplat（プラ　炭酸なし）かgazeuse（ガズーズ　炭酸入り）がありますが、これらはどちらも有料。水道水でいい場合はcarafe d'eau（カラフ・ド　カラフェに入った水道水）を頼んでください。これは無料です。

⚜ 最後にはエスプレッソ

さて、食事が終わったら、デザートは？コーヒーは？と聞かれます。必ず頼まないといけないわけではなく、欲しい場合だけでいいのですが、フランス人はデザートとコーヒー（エスプレッソ）の両方を頼むひとがかなり多いです。

⚜ テーブル会計が基本

食事が終わったらお会計。パリではテーブル会計が普通なので、店のひとに「お会計をお願いします！（L'addition, s'il vous plaît!　ラディション・シルヴプレ！）」と声をかけて、支払います。店にもよるのですが、割り勘をするときにカード、現金とバラバラに支払うことも可能です。

水道水飲み場に「グランクリュ（最高級畑）の蛇口を開けて！」のコピー。最高級はいいすぎ？

03 À quelle heure doit-on entrer au resto?
入店は何時が正解？

パリの昼どきは、日本より少しおそいようです。オープンはだいたい正午ですが、その時間には多くの店はガラガラ。あれ、ここは人気がない店かな？なんて思っていると、1時前に混み出して、1時半には満員になり、その頃に行ってもすでに入れない、ということがよくあります。会社によって休憩時間の設定はちがうようですが、1時から1時半が混雑のピークだと思って、間違いはないと思います。

なので、できるならばピーク時を避けて、正午の開店に合わせて行くことをおすすめします。開店時間に合わせてサービスのひとがくる店もあるので、店は開いているけれど客席の準備がまだ整っていない、なんてこともザラにありますが、そこは良くも悪くも大雑把なパリ。開店していれば、一応入っていいかを確認して、もしOKがでれば、遠慮せず店に入って席に座ってしまいましょう。店のひとがすぐには対応してくれ

なくても、メニューをゆっくり見る時間ができた、くらいに思ってゆったり構えるといいと思います。

ピーク時を避けて来店するメリットは、店への入りやすさに加えて、店員の対応の良さにあります。パリの飲食店はスタッフの数が少ないことが多く、ピーク時になると適当な対応をされたり、注文を間違えられたりすることが少なくありません。観光客が相手だからといって注意深くなることは決してなく、ていねいに説明をしてくれる時間もなくなります。余裕をもって注文し、トラブルを避けるという意味でも、ピーク時を避けて店を訪れることをおすすめします。

昼の休憩をとるレストランやビストロでは、ランチのラストオーダーがだいたい2時くらいなので、その後の入店は不可能ですが、カフェやブラッスリーではずっと店を開けているところも多いので、ピーク後の2時すぎに行ってみるのも手です。ただし、ランチメニューが終わっている場合もあるので、そのときは一日中出している軽食メニューを楽しみましょう。

04 Combien de verres de vin peut-on boire au cours du déjeuner?
ランチのワインは何杯まで？

パリでランチをすると、平日でもワインを飲んでいるひとを多く見かけます。友だちとの食事だけでなく、会社の同僚との食事でも、ワインを飲むのは一般的です。日本でもたまにランチビールを飲むひとがいますが、毎日というわけではないでしょう。フランスではその昔、水が不衛生であったため、ワインが水より安全なものとして飲まれてきた歴史があります。そのためか、いまでもワインが愛され、日常的な飲み物として親しまれているのです。その愛し方たるや、日本人の想像が及ばないレベルです。アルコール飲料ではありますが、ワインはワインであってお酒ではない、という矛盾しているような主張も聞かれます。ワインを飲む人口が昔に比べ減っていて、「若い者はワインを飲まなくなった」と嘆く老

1. きょうのおすすめワインが書いてあるボード。ボトルとグラス、どちらでも飲めます。
2. バティニョールのワインバー「レタブリ」にて。ランチが食べられるワインバーもあります。

人が数多くいるとはいえ、まだ国民一人あたりの年間ワイン消費量が約44リットル※、つまり約59本の国なのです。少なく見積もっても家族4人で年間約236本。すごい数ですね。ワインと食事はいつもセットなので、ワインのない食事は食事ではない、とまでいうひともいるくらいです。わたしがよく行っている17区にあるレストラン「Le Verre Moutarde（ル・ヴェール・ムタルド）」のように、ランチセットにあらかじめワインが1杯ついている店もあります。ここは、前菜・メイン・コーヒーにワインがついて、15.9ユーロ（約2200円）のお値打ち設定で、いつも予約でいっぱい。この店では客の大半がワインを飲んでいるので、ここだけを見るとパリのひとはランチで必ずワインを飲むのかと誤解しそうなります。

そんなワイン大国なのですから、ぜひお国自慢のワインをたくさん飲んで帰ってください。だいたいどの店でもランチとディナーは同じワインを飲むことができます。グラスワインを多く置

3. ビールもよく飲まれます。ベルギーのピルスナー「ステラ・アルトワ」はメジャーブランド。
4. 仕事仲間らしきおじさんたち。ビールで始めて、ワインに移っていきました。

いている店もあるので、違う種類を頼んで比べて楽しむこともできます。リーズナブルなハウスワインを赤・白・ロゼの各1種類ずつしか置いていないところもありますが、それもパリの味として記憶に残るはず。

パリのひとたちは、フランス風のビストロ料理やレストラン料理だけでなく、中近東料理やベトナム、中華料理、和食の寿司など、何にでもワインを合わせます。あくまで気軽に飲むのがいいのです。

さて、では何杯まで飲むのが適当かというと、これは個人差があるので一概にはいえませんが、観察している限りでは2杯ぐらいまでが一般的のようです。お酒に強いひとが多いとはいえ、仕事中に酔っ払うわけにはいきませんし、1杯か、ちょっと飲んでも2杯まで、すこし気持ちよくなるくらいにしておくのがスマートなのではないでしょうか。たまに真っ赤な顔をして職場に戻って行くひともいて、その後は仕事になるのかと心配になってしまいます。旅行中で、お昼からしっかり食べて、たっぷりワインも飲みたいときは、お好きなだけどうぞ！

※ Wine Institute (http://www.wineinstitute.org) より。

05 Ne grossit-on pas avec tous ces "déjeuners à Paris"?
パリのごはんは太らない？

　パリに住むロシア人の女の子たちがあるとき、「なんでパリのひとは、チーズやスイーツなんかの油っぽいものを毎日食べてるのに太らないんだろう？　ロシア人ならすぐにブクブクになっちゃうのに」といっていました。たしかに、大柄なひとはいるにしても、それほど多くの太っているひとは見かけません。
　女性の「スリムでいたい」という願望はパリでも健在で、ダイエット食品はたくさん売っていますし、肉をまったく食べないベジタリアンになっているひともいます。ただ、ダイエットにやっきになっている人数はそれほど多くはなさそうです。また、健康意識の高いひとは控えめに食べているとは思いますが、たいがいのひとは驚くほどたくさん食べます。肉、パスタ、じゃがいも、こってりソース。"甘いもの大好き"の国民なので、もちろんデザートも。見ているこちらが心配になるほど、よく

食べます。でも、なぜか太っているひとは少ないのです。

そのことをフランス人にたずねると、「ランチにたくさん食べるから、夜はあんまり食べないの。簡単なものを食べるだけ。だから、太りにくいんじゃないかな」という答え。たしかに、日本では晩ごはんがいちばん重い食事。寝る前に食べたものが消化されにくく、結果太る原因を作ってしまうのは、よく知られた事実です。つまり、パリのランチが太りにくいのではなく、重い食事を早めの時間にとるので、結果太りにくくなっているのではないか、という推測に行き着きました。

ただし、彼らのいう"簡単な夕ごはん"というものに、わたしはいまだに納得することができません。パン、ハム、チーズ、サラダ。「うーん、これはワインのつまみなのでは？」「夕ごはんじゃないよ？」「だいたい冷たいものだけなんて！」と日本人のわたしは言いたくなるのですが、昼にたくさん食べているため、必要ではないようです。

ランチにたっぷり食べて、夜は軽くすませる食事法。ダイエットになるかは個人差があるにしても、胃もたれが少なくなって、翌日の目覚めはスッキリよくなりそうですね。

「ル・ヴェール・ムタルド」のハムのステーキ。ペンネのグラタン添えでお腹いっぱいに。

06 Attention à ne pas abuser du pain à volonté !
食べ放題のパンにご用心！

レストラン、ビストロ、カフェ、ブラッスリーなどでは、テーブルにつくと、すぐにバスケットに入ったパンを持ってきてくれます。これは無料です。テーブルチャージを取られることもありません。たいていは焼きたてのバゲットで、香ばしく、食べ始めるとやめられない食べ過ぎ注意アイテム。店によっては、10区のレピュブリックにある「Du pain et Des idées（デュ・パン・エ・デジデ）」のle pains des amis（ル・パン・デ・ザミ）など、パリでいちばんといわれる有名なパンを仕入れていることもあって、ついつい欲張って食べてしまいそうになります。

まずは、このパンをつまみつつ料理がくるのを待ちます。初めて訪れた店では、パンのクオリティが店のクオリティの指針にもなるので、大事なチェックタイム。パリパリで味のいいパンが出てきたなら当たり！固くなっている昨日のパンのようなものが出てきたら、残念ながらたぶんハズレ。「でも、料理が出てくるまではわからないからね」なんてい

いつつ、料理を待ちます。こ
こでパリのひとたちがパンを
食べ過ぎることはありません。
なぜなら、彼らにとってパン
は主食ではなく、「おまけ」
のようなものだからです。米
を主食とする日本人には理解
しがたいことですが、フラン
ス人にとって主食は肉または
魚。パンは食事のときに「必
ずあるべきもの」ですが、主
食ではないのです。
パンはいくら食べても怒られ
ることはありませんし、おか
わりをお願いすることもでき
ます。だけど、パンを食べ過
ぎると食事がおなかに入らなくなってしまうのが困りもの。パリに観光
に来た友人たちが、この「パンの罠」にハマるのを何度も見てきました。
ここは、ぐっと我慢。パンはつまむ程度に、ゆっくり食べる。そうする
と、満腹で苦しくなることなく、最後まで食事を楽しむことができます。

07 Où poser le pain?
パンはどこに置けばいい?

さて、ランチに必ずついてくるパンですが、テーブルにひとつのバスケットが出てくるだけで、各自のパン皿は出てきません。一部の高級店では出てくるかもしれませんが、少なくともわたしはミシュランの3つ星レストランでも見たことがありません。料理が出てくる前には、自分の皿もありません。では、パンはどこに置けばいいのでしょう?
答えはかんたん。直接テーブルの上に置けばいいのです。テーブルクロスがかかっているレストランならまだしも、なにも敷いていないビストロやカフェのテーブルの上にパンを置くなんて、日本ではちょっと信じられないかもしれません。でも、パリではそれが普通のこと。衛生的に十分かどうかはなんとも言えないのですが、それはご自身で判断していただき、パリっ子に習ってテーブルに直置きするのか、自分の料理の皿が来るまで待つのかを決めるしかありません。
ただし、皿が来たところで、パリのひとたちはパンをその上にのせることはほとんどしません。友人のひとりに聞いてみたところ、「パンのカリカリ感がソースで湿って、なくなっちゃうのがイヤだから」との答え。そう、彼らはパンに関してはcroustillant(クルスティヨン　カリカリ)至上主義なのです。日本人がパンに求める「しっとり、モチモチ」は優先順位がかなり低く、なによりクラストのカリカリにこだわるのです。
けれど、パンでソースをぬぐって食べるのは、また別。これに関しては、行儀が悪いからするべきではないとか、また逆にソースを食べきるのはシェフに対する礼儀だとか、いろんな意見があるようです。ただし言えるのは、多くのひとがやっているということ。せっかくのソース、残してはもったいない、とみんなが思っているようです。だって、ソースは大事な料理の一部なんですから。きっと作ったひとだって、きれいにソースがなくなった皿をみると喜ぶのではないでしょうか?

老舗ワインショップ「ルグラン」のワインバー。どこでも、パンは直置きが基本です。

08 Comment utilise-t-on les couverts?
ナイフとフォークはどう使う？

ナイフとフォークの使い方やルールは、どうやら国によってずいぶんと違うようです。もともと箸文化の日本人は、どう使えば正解なのか、いつも戸惑うばかり。ただ、フランスに関していえば、それほど難しいルールはありません。

ナイフは右、フォークは左に持つのが一般的ですが、左利きなら逆にしても大丈夫。日本人ほど利き手に対するこだわりはないので、使いやすい方で持っても問題ありません。

高級な店では、あらじめナイフとフォーク、スプーンなどがテーブルに置かれているので、それを外側から取っていきます。もし間違って内側から取ってしまっても、サービスのひとがまた新しいナイフやフォーク

をくれるので、そんなに心配することはありません。「あいつはルールを知らない」なんてバカにされるわけでもないので、心配しすぎは無用です（ただし、正式な会食やビジネスの席は別ですよ！）。ビストロや気軽なレストランだとナイフとフォークは1セットで、店によっては皿ごとにナイフとフォークを替えることもなく、最後まで同じセットを使うこともあります。そのときには、店のひとが「couvert（クーヴェール　ナイフ・フォーク・スプーンのセットのこと）は取っておいて」と言ってくれます。ことばを聞き取れなくても、ジェスチャーでわかるので大丈夫です。

カジュアルな席ではあまり気にすることはないのですが、食べている最中は、フォークの先を下に向けるようにするのが一般的。なぜなら、フ

---

1. ナイフ・フォークはサイド、デザートスプーンは皿の向こう（友人宅でのおよばれランチにて）。
2. ピガールにある「ビュペット」では人数分のナイフとフォークがまとめて出てきます。

ォークの先を上に向けていると、「食事終わり」のアピールに取られかねないからです。食事終わりの正式なサインは、ナイフとフォークを揃えて、フォークの先を上に向けて置くこと。こうしておくと、皿の上にたくさん食べものが残っていたとしても、サービスのひとが来て「終わりですか？」と聞いてから皿を下げてくれます。逆にうっかりナイフとフォークを揃えてしまうと、食べ終わっていなくても皿を下げに来てしまいます。そのときには、「まだです」と断ればいいだけなのですが、毎回ではめんどうなので、皿の上にナイフを上に向けてフォークを揃えておくと、「食事終わりのサイン」とおぼえておきましょう。

ちなみに、ちょっと余談になりますが、フランスの高級なレストランでは、テーブルに最初に置かれているフォークはかならず先が下に置かれています。これは「相手を刺す意思はありません」つまり「敵意はありません」というサインなのだそうです。ディナーが政治や戦争の中で重要な役割を果たしてきた名残なのでしょう。とはいえ、いまではこれは、ただの習慣になっているようなので、友人宅のディナーでフォークの先が上に向いていても、敵意の表れというわけではないので、ご心配なく！

09 Quelques expressions essentielles pour passer un déjeuner sans souci.
ランチのための"サバイバル"フランス語

ガイドブックなどを見ると、「レストランで使えるフランス語」のページがあるのですが、なかなかそれを覚えて、食事の際に使うことは難しいかと思います。ですので、ここでは、本当に必要最低限、でも役に立つ単語・フレーズをお伝えします。

⚜ 入店したとき

「Bonjour（ボンジュール　こんにちは）」
必ず言ってください。ハローでもいいですが、フランス語のほうが印象が良いです。
ちなみに、飲食店だけでなく、どんな店に入るときも、無言ではなく「ボンジュール」と言って入るのが一般的です。

　　「personnes（＊ペルソンヌ　＊人です）」
　　＊には数字を入れてください。
　　1 personnne　（ユンヌ・ペルソンヌ）
　　2 personnnes　（ドゥ・ペルソンヌ）
　　3 personnnes　（トワ・ペルソンヌ）
　　4 personnnes　（キャトル・ペルソンヌ）

「La carte, s'il vous plaît（ラ・キャフト、シルヴプレ　メニューをください）」
すぐにメニューをくれない場合にはもらいましょう。
ここで、plat du jour（プラ・ドゥ・ジュール　本日のメニュー）の説明もされるはずです。

Petit-déjeuner
Breakfast

Demandez notre formule midi:
Plat + Dessert: 16€

Lasagnes à la Bolognaise, salade verte 13€

Magret de canard au piment d'espelette,
pommes grenailles 15€

Belle entrecôte (350g.), sauce béarnaise,
pommes grenailles 22€

Filet de bar à la plancha, poêlée de légumes
14€

Tarte du jour 5,5€

Clafoutis aux fruits, glace vanille 6€

カフェにて。ランチはメインとデザートのセットで 16 ユーロ。アラカルトでも頼めます。

⚜ 注文するとき

「S'il vous plaît.（シル・ヴ・プレ　お願いします。）」

店員を呼ぶときには男性なら Monsieur（ムッシュー）、女性なら Madame（マダム）と声をかけます。

「シル・ヴ・プレ」だけでも気づいてくれます。

もしメニュー名を見て、料理の内容の見当がまったくつかない場合には、

「Viande? Poisson?（ビアンド？ ポワソン？　肉？ 魚？）」

と指さしながら聞いてみてください。

肉か魚かだけでもわかると、メニューが決めやすくなりますよね。

◆ 肉（viande　ビアンド）の種類

メニューには肉の種類とともに必ず部位が示されています。
とりあえず、肉の種類だけでも判別してみましょう。

　　牛肉　bœuf ブッフ

　　仔牛肉　veau ヴォー

　　豚肉　porc ポール

　　仔羊　agneau　アニョー

　　鶏肉　poulet プーレ

　　鴨 canard カナール

　　ウサギ　lapin ラパン

◆ ジビエ（gibier　ジビエ＝野生の鳥獣の肉）の種類

ジビエのシーズンは秋から冬にかけて。レストランで食べられます。

　　マガモ（＝青首鴨）　colvert コルヴェール

　　ヤマウズラ　perdreau　ペルドロー

野ウサギ　lièvre　リエーヴル

シカ　chevreuil　シュヴルイユ

仔イノシシ　marcassin　マルカッサン

◆魚（poisson　ポワソン）の種類

ここに書ききれないほど種類がありますが、代表的なものをリストアップします。

シタビラメ　sole　ソール

タラ　cabillaud　キャビオー

塩漬けしたタラ　morue　モルー

チュルボ（カレイの一種）　turbot　チュルボ

ボラック（タラの一種）　lieu　リュー

メルラン（タラの一種）　merlin　メルラン

サケ　salmon　サーモン

マス　truite　トリュイット

イワシ　sardine　サルディン

サバ　maquereau　マクロー

ルージェ（ヒメジ）　rouget　ルージェ

スズキ　bar　バー

ドラード（タイの一種）　daurade　ドラード

エイ　raie　レ

メカジキ　espadon　エスパドン

カサゴ　rascasse　ラスカス

アンコウ　lotte　ロット

ロブスター・オマール　homard　オマール

エビ　crevette　クルヴェット

アカザエビ　langoustine　ラングスティーヌ

イカ　seiche セシュ　calmar カルマール　encornet オンコルネ
バイガイ　bulot　ビュロ
アサリ　palourde　パルード
ホタテ　coquille Saint-Jacques　コキーユ・サンジャック
（貝柱だけは　noix de Saint-Jacques　ノワ・ドゥ・サンジャック）
カキ　huître　ユイートル
イチョウガニ　tourteau　トルトー

⚜ 会計のとき

「L'addition, s'il vous plaît.（ラディション、シル・ヴ・プレ　お会計お願いします。）」

「Par carte, s'il vous plaît.（パーキャフト、シルヴプレ　クレジットカードで（支払いたい）。）」

Chronique
À table, chacun à son rythme.
食べる皿数は、好きなだけ

もし、パリのひとたちといっしょにランチをする機会に恵まれたなら、知っておきたいことがあります。それは、みんな「食べる皿の数をほかのひとに合わせない」ということ。たぶん日本で食事をする場合は、時間の関係もあり、コースの皿数を合わせるのがふつうでしょう。前菜＋メインだけ、メイン＋デザートだけ、前菜＋メイン＋デザート、これらを同じテーブルのひと同士でそろえると思うのですが、パリではそのあたりは自由。同じテーブルで、バラバラの頼み方をするひとがいても、誰も気にしません。では、前菜を頼んでいないひとは、ほかのひとが前菜を食べている間どうしているのか、というと、なにもしていません。ひたすらおしゃべりをします。そして、デザートを頼んでないひとは、ほかのひとがデザートを食べている間、やっぱり何も食べずにひたすら待つのです。なんという個人主義！とはじめは驚いたものの、いまではすっかり慣れて、むしろ心地よく感じています。まわりを気にせず、食べたいものを、食べたいだけ食べる。ひとのことは、あんまり気にしない。なんだかとても、パリっぽいなと思います。

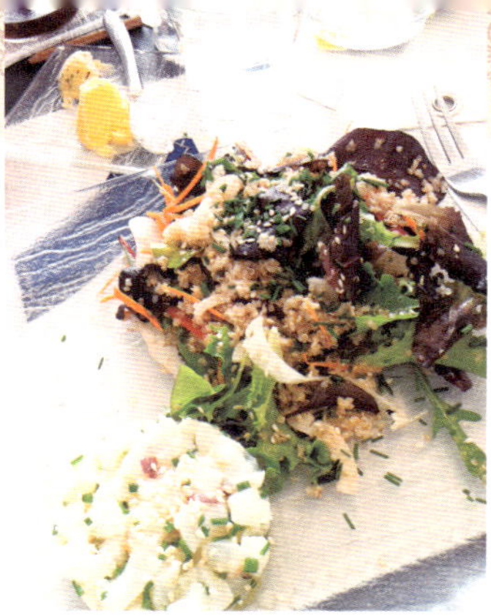
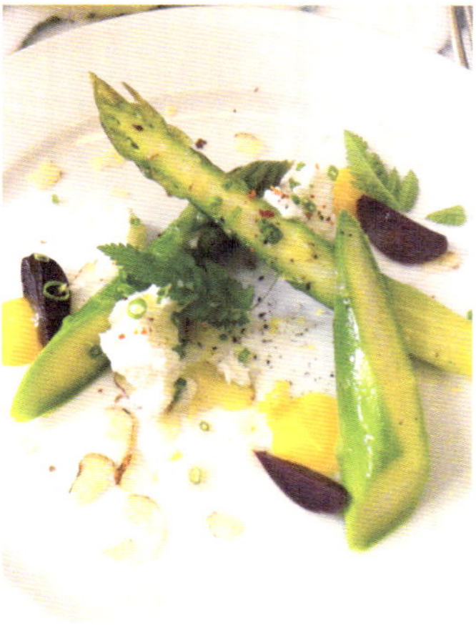
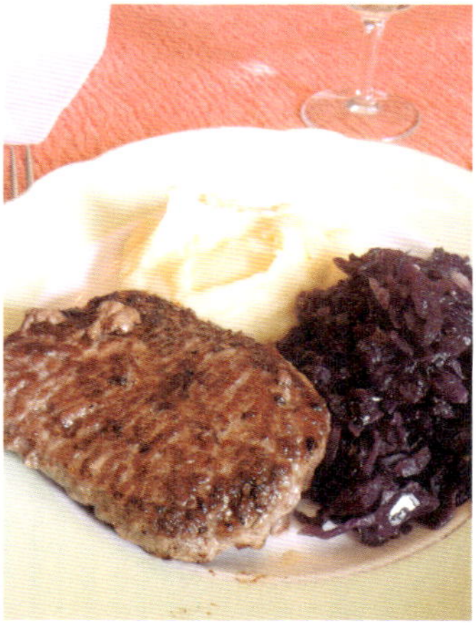
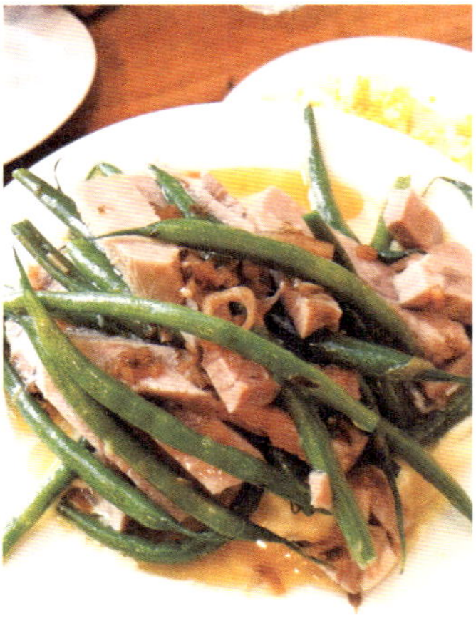
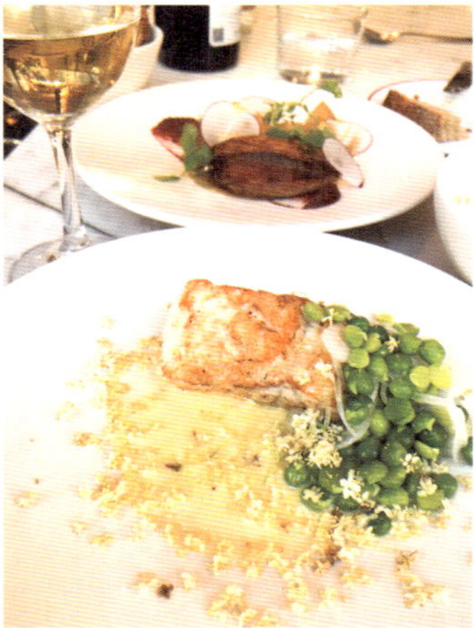
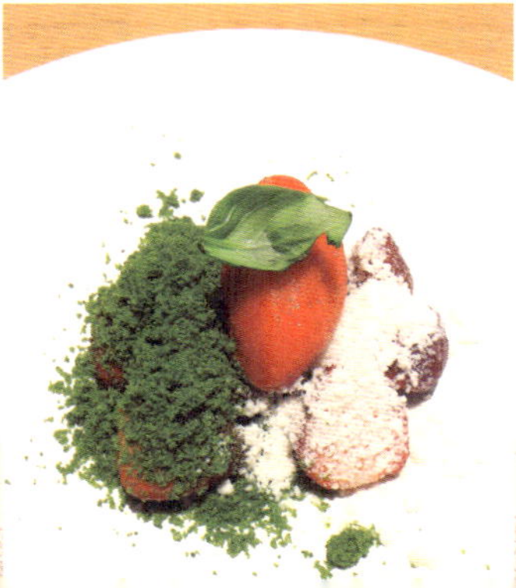

2章

パリのランチ・メニュー

Les menus des déjeuners à Paris

日替わりメニュー / シンプルなジャンボン・ブール / オーガニック・マルシェでランチ / ベントーだいすき / パリのクレープは軽くない / サロン・ド・テで上品ランチ / 菓子パンはごはんにならない / 北マレのマルシェでランチ / 愛されるポーブン / ステック・フリットと謎のソース / バーギャーが大ブーム / ケバブサンドでおなかいっぱい / ウナギが食べたくて / パリのスシ / なぜかコカが好き / サラダはヘルシーじゃない / "パリでいちばん" を食べるには

Chronique　店選びは、念入りに

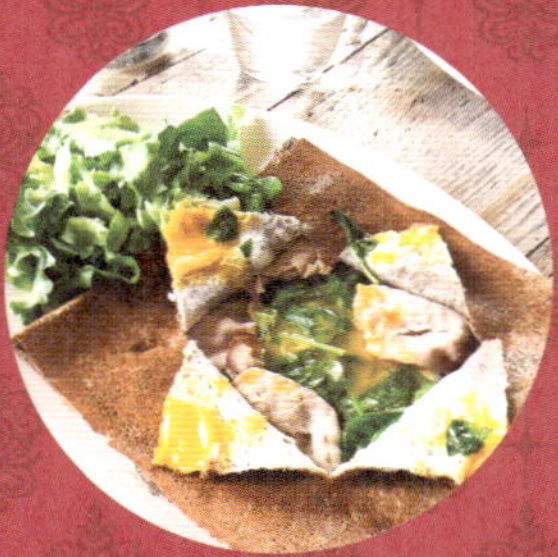

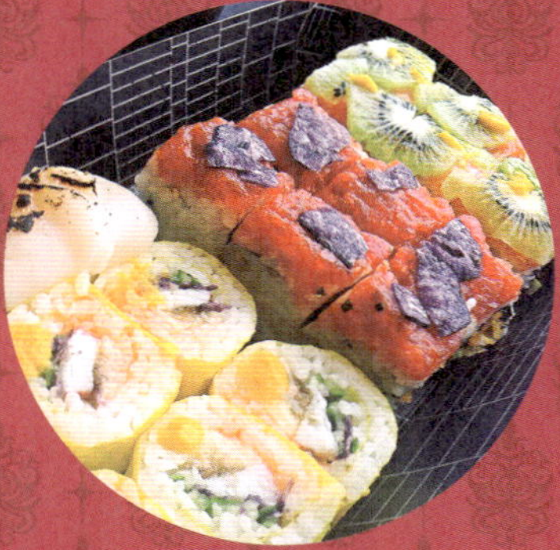

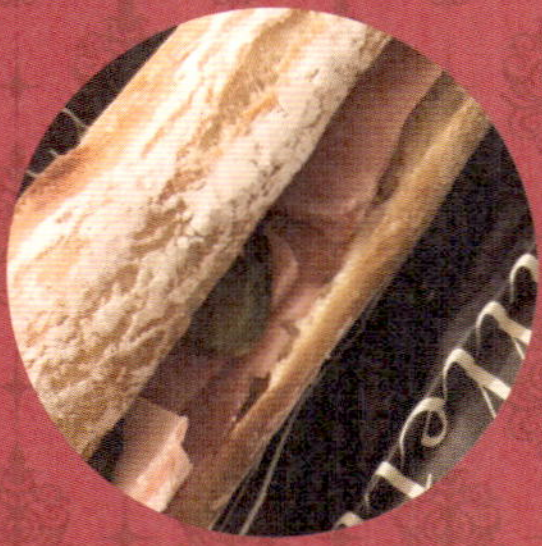

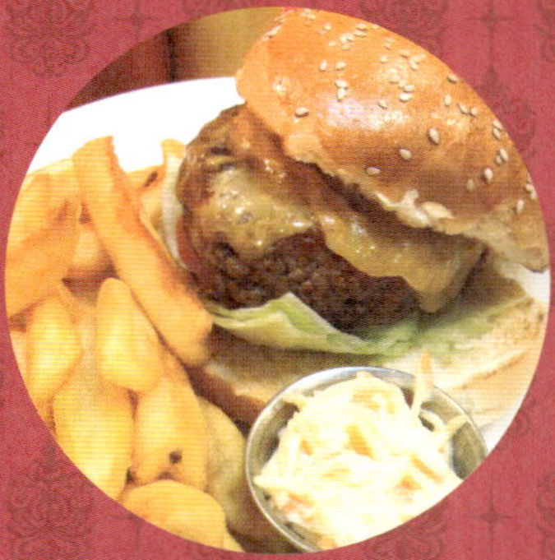

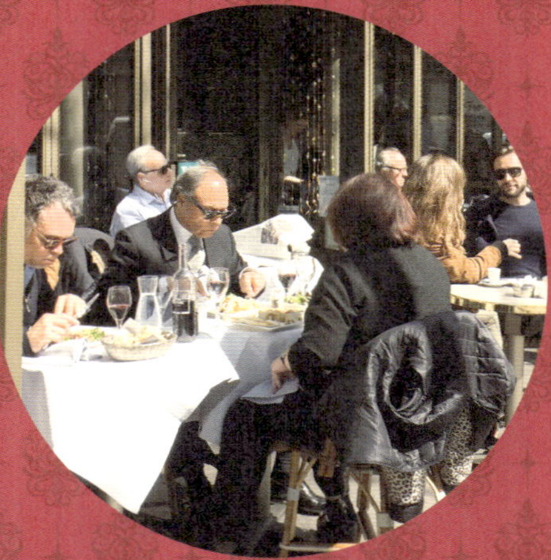

01 Plat du jour
日替わりメニュー

ランチメニューを見ていると、Plat du jour（プラ・ドゥ・ジュール）と書かれているメニューがあります。これは日替わりメニューのこと。その日にしか食べられないとなると、一期一会な感じがして、なんとなくワクワクしませんか？　春なら白や緑のアスパラ、夏にはラタトゥイユに代表される夏野菜を使った料理、秋にはセップ茸（ポルチーニ茸）、冬にはポトフなどのあったかい料理など、季節を料理で感じられるのも魅力です。

そんなお楽しみのプラ・ドゥ・ジュールですが、フランス語に慣れていない客にとって困る問題がひとつあります。それは、手渡されるメニューにも黒板にも、プラ・ドゥ・ジュールの内容が書かれていないことがとても多いということ。そして、書かれていても、たいがいは手書きで

読みづらいこと。だいたいは店員がメニューを渡しに来てくれたときに、「プラ・ドゥ・ジュールは〜です」と伝えてくれます。でも、これが早口で、わかりにくかったりするのです。困ったものです。対処方法としては、何度も聞き返すか、まわりにいるひとの食べているものを見て、「あれはプラ・ドゥ・ジュール？」と店員に聞くか（もちろん食べている本人に聞いてもいいんですが、ちょっと勇気がいりますよね？）、といったところでしょうか。食べてほしいはずの本日のメニューを書いておかずに、店員が毎回客に伝える、というのはどうも効率が悪い気がするのですが、そういうものなので仕方ありません。

とはいえ、せっかくのチャンスなので、がんばってチャレンジしてみてください。最近では店が持っているFaceBookページやTwitterのつぶやきで、本日のメニューを伝えているところもあるので、事前にチェックしてみるのもテです。ただし、マメに更新をしていない店も多いので要注意。

02 Un sandwich jambon beurre, rien de plus simple.
シンプルなジャンボン・ブール

パン屋のサンドイッチメニューの中に、jambon beurre（ジャンボン・ブール　ハムとバター）というのがあります。これは名前そのままに、バゲットの中にハムとバターしか入っていないものなのですが、意外にも、けっこう好きなひとが多いメニューです。シンプルな分、価格が控えめなのも人気のポイントのようです。パン屋で、だいたい3ユーロほどで買えます。ハムとバターだけの場合もありますし、そこにコルニッション（ピクルス）やマスタードが加わっているときもあります。メニューにはjambon（ハム）とだけ書かれていることもありますが、ハムだけではなく、バターもきちんと塗ってあるはずです。

どうしてこんな簡素なものを選んで食べるひとがいるんだろう、どうせ店で買うなら豪華な中身のものがいいのに、とずっと不思議だったのですが、評判のよい店のものを食べたり、自分でも素材にこだわってみるうちに「これほど素晴らしい食べ物はない！」とさえ思うようになってきました。

まず、バゲット。もちろん焼きたてに限ります。外はパリパリ、中は軽めでふわっと、細かい口どけのものがベスト。たかがバゲット、されどバゲット。実に奥深くて、パン屋によって重さや食感などがけっこう違うのです。

次にハム。できれば、肉屋・惣菜屋の自家製jambon blanc（ジャンボン・ブラン　白ハム）を。これは、豚のもも肉を燻製せずに茹でて作ったハムのこと。上手に作られたものは、しっとり肉のうま味が凝縮されていて、ハムってこんなに美味しかったっけ？と思わずうなりたくなるほどです。できるなら、切り立てを食べたいもの。肉屋では注文のたびにスライスしてくれますし、こだわりのサンドイッチを出す店では、こちら

ハムだけでも、ボリュームは
しっかり。はみ出すほど入れ
るサービス精神旺盛な店も。

も注文のたびにスライスしてサンドイッチに入れてくれます。

さて、最後にバター。フランスにはいろんな種類のバターがあって、どれがいちばんいいとは言い難いのですが、ボルディエ社などのグルメな高級バターを使えば問題なし。ただし、わたしが思うに、いちばんのポイントはその厚さにあります。5ミリ厚ほどのバターを、バゲットいっぱいに敷き詰めるのです。バターの厚さが5ミリといっても伝わりにくいかもしれませんが、これはまるでチーズのような厚さです。良質なバターは厚く切っても臭みやクセがなく、味わいすっきり。多少の罪悪感も伴って最初はその厚さに戸惑うのですが、そのうちそれくらいないと満足できなくなります。

バゲット、ハム、バター。これら3つの素材が良いもので、なおかついいバランスで合わさると、極上のジャンボン・ブールが出来上がります。Rien de mieux que la simplicité.（リヤン・ドゥ・ミュー・ク・ラ・サンプリシテ　シンプル・イズ・ベスト。）これにワインがあれば、もう何もいりません。ただ、カロリーはまちがいなく高そうなので、たまのお楽しみにしたほうが良さそうです。

モト・ピケにあるパン屋のもの。コルニッション（小さなキュウリのピクルス）がアクセント。

03 Déjeuner au marché bio.
オーガニック・マルシェでランチ

新鮮な食材を、たっぷり食べる贅沢。レストランに行かなくても、マルシェに行けばその贅沢をリーズナブルにかなえられます。マルシェとは、市場のこと。パリ市内には屋内、屋外合わせて82の食品マルシェがあります。その中でもめずらしいのが、3つしかないmarché bio (マルシェ・ビオ　オーガニック・マルシェ)。6区のラスパイユ、14区のガイテ、17区のバティニョールにあります。新鮮で安心なオーガニック食品がいろいろ買えるということで、遠方からも多くのひとがやってきます。17区にあるバティニョールのマルシェが、わたしの行きつけ。このマルシェは土曜日の朝だけしか立たないので、週末で寝坊したいところをグッと我慢して、出かけていきます。

バティニョールのオーガニックマルシェには、野菜、肉、チーズ、パンなどの店が立ち並びます。鶏肉や牛肉、卵、野菜の店は、生産者が自ら販売しているところもあり、新鮮な上に価格も比較的抑えめなのもうれしいところ。調理用の食材だけでなく、そのままで食べられる物もいろいろ買えるので、家に持ち帰ってランチにしたり、天気のいい日なら公園でのピクニックに直行できます。肉屋のパテやリエット、鶏肉のグリル、にんじんなどのサラダ類。チーズやヨーグルト、パンにキッシュ、クレープやガレットを焼いている店もあります。この中に、ひときわ食欲をそそる匂いのするじゃがいものガレット（千切りにしたじゃがいもとチーズを焼いたもの）の店があるのですが、そこのハンサムなお兄さんは誰かから日本語を教えてもらったらしく、客が日本人だとわかると、「コレハ、オコノミヤキ」とうれしそうに言ってきます。それ以上の会話はできないようなのですが、突然聞こえてくる日本語にはびっくりします。

ヘルスコンシャスなひとが集うマルシェなので、ベジタリアンの惣菜屋も出ているのですが、わたしはベジタリアンの店だと気づかずにラザニアをたく

さん買ってしまい、ちょっとさみしい思いをしたこともあります。それはそれでおいしかったのですが、肉が入っていないと個人的には物足りなくて。よく確認してから買うべき、のよい例です。

このマルシェには、生鮮食品だけでなく、ゲランドの塩などの調味料、はちみつ、コンフィチュールなどお土産にぴったりの食品も売られています。また花や鉢植え、アクセサリーやファッション、オリーブの木で作った食器などの屋台も並びます。オーガニックとは関係ないのでしょうが、どれもどこかナチュラルなテイストが漂う店ばかり。ランチを調達しがてら、友だちや自分へのお土産を探してみるのも良さそうです。

04 Les Parisiens adorent les bento.
ベントーだいすき

パリでは、日本食はブームを通り過ぎ、人気がほぼ定着したようです。もちろんまったく知らないし食べたこともない、中華とどう違うの？というひともたくさんいますが、おいしいもの好きの間では日本食は日常的なチョイスになってきています。人気があるのはダントツで寿司ですが、それに次ぐ知名度（？）を誇るのが、bento（ベントー 弁当）です。キッチン雑貨の店には boîte à bento（ボワット・ア・ベントー　弁当箱）も売られています。もし友人同士のピクニックでお手製のベントーを作っていったなら、まちがいなく注目の的です。

日本人経営の日本食店はもちろんのこと、中華料理といっしょに和食的なものを出している店でもベントーをみかけることがあります。また、最近の新しい流れとしては、3区と10区にある「NANASHI（ナナシ）」をはじめとする、フランス流のアレンジを加えたベントーを出す人気のカフェやレストランもたくさん出来ていて、流行に敏感なひとたちでいつもにぎわっています。アレンジを加えてあるといっても、ベースはと

んかつや魚の照り焼きなど、わたしたちにとって馴染み深いメニューばかり。普通の定食屋で食べられるメニューが、おしゃれな食事としてとらえられているのは、なんだか不思議で、すこしおもしろい気もします。

ところで、日本食に興味のある友だちに、「bentoの魅力ってなに？」とたずねたところ、「おかずがいろいろ入ってて、しかも前菜からメインまで全部いっしょに入ってるから、順番を気にせず食べられるのが好き。みそ汁まで付いてくるし、パーフェクトだと思う」との答えが返ってきました。たしかに、前菜→メインと食べ進めていくフランス風の食べ方では、このふたつが同時に並ぶことはありません。しかも、フランスではスープは前菜の選択肢のひとつ。前菜のおかずとスープを同時に食べることもありません。bentoは一度にいろんなものが食べられる、まさに玉手箱なのですね。

05 Les crêpes ne sont pas légères.
パリのクレープは軽くない

クレープというと、多くのひとのイメージにあるのは、日本で売っている、クルッと巻いてあってホイップクリームやフルーツがたっぷり入った、おやつ用のそれではないでしょうか？　パリにも、屋台や店先でクレープをテイクアウトできるところがたくさんありますが、日本のものほど中身のバラエティは多くなく、バターと砂糖、ジャム、ヌテラ（カカオとヘーゼルナッツのペースト）など、シンプルなものばかり。具材を食べるというよりは、クレープ生地そのものに味付けをして、パンのように食べるイメージです。日本の具だくさんのクレープを想像すると、ちょっとガッカリするかもしれません。

でも、クレープもしっかり食事になります。食事としてクレープを楽しみたい場合は、店内で食べるスタイルの crêperie（クレープリー）に行きましょう。店先で売っているものとは打って変わって、こちらはメ

ニューが豊富。クレープまたはガレット（そば粉で作ったクレープ）は、もともとブルターニュ地方の食べ物で、現地ではホタテやオマールなど、海の幸といっしょに食べることが多い、メインの食事になるメニュー。郷土愛の強いブルターニュ地方出身の友だちは、「パリのクレープなんて食べられない！ 新鮮な魚介類を使ってないクレープなんて、あれは別のものだよ」なんて言うのですが、それはそれとして、バラエティに富んでいて楽しいものです。

定番の crêpe complète（クレープ・コンプレット　全部入りの意味で、たまご・ハム・チーズ）や、ほうれん草と山羊チーズ、スモークサーモンとクリーム。チーズの種類もいろいろあるので、メニューを見ているだけで楽しくなります。11区にある West Country Girl（ウェスト・カントリー・ガール）で友だちが頼んでいたのは、boudin noir（ブーダン・ノワール　豚の血のソーセージ）がのったもの。かなりのどっしり感。

---

1. グラン・ブールヴァールの「ラトリエ」の食事ガレット。ベーコン、たまご、ほうれん草。
2. ラズベリーのコンフィチュールが入ったデザートクレープ。見た目より食べごたえがあります。

街かどのスタンドでは、クレープとパニーニが一緒に売られていることもあります。

クレープとはいえ、けっこうな量の素材がのってくるので、少食なひとなら1枚でおなかいっぱい。ですが、パリのひとたちはデザートとして、甘いクレープも食べます。店では昼のセットメニューとして、crêpe salée（クレープ・サレ　食事クレープ）と crêpe sucrée（クレープ・シュクレ　デザート向けの甘いクレープ）がセットになって、少しお得に設定されていることがよくあります。crêpe suzette（クレープ・シュゼット　オレンジリキュールのクレープ）といった軽いものならまだ2枚目を制覇できそうなのですが、甘いもの好きは、リンゴのコンポートとアイスクリームがドンとのったボリューミーなメニューを食べたりします。

たくさん食べるひとは2枚でも食べ足りず、3枚を平らげることも。内訳は、食事クレープ2枚に、デザートのクレープ1枚。男性だけでなく、女性も3枚を食べきります。一度、30〜50代の女性5人でクレープを食べに行ったところ、そのうちの3人が3枚を平らげていて、その食欲の旺盛さに感服しました。たくさん食べて、パワフルに毎日をすごす。パリの女性のエネルギーの源は、やはり食にあるのだなあと思い知らされました。

06 Déjeuner élegant au salon de thé.
サロン・ド・テで上品ランチ

　カフェはコーヒーをはじめ、ジュースやビールなどなんでも飲めるところですが、紅茶の揃えが少なく、安いブランドのティーバッグしか置いていないことがほとんど。香りと味をゆっくり楽しむ、という感じではありません。なので、もしパリで美味しい紅茶を飲みたいなら、salon de thé (サロン・ド・テ) を探してみてください。リヴォリ通りの「Angélina (アンジェリーナ)」に代表される老舗には、クラシックで美しいインテリアの店も多く、ゆったり優雅な気分が味わえます。たいがいは少し値段も高めなのですが、空間がとても素敵なので、たまの贅沢にはいいのではないでしょうか。ちなみに、サロン・ド・テは女性率がかなり高く、混雑する時間には見渡す限り女性。男性はというと、女性に連れられている感じの人が多いかも。
　サロン・ド・テは主に紅茶を飲むところなので、ティータイムにはケー

キもいっしょにいただくのが一般的ですが、ランチタイムには食事をとることができる店も多くあります。サラダやサンドイッチ、オムレツにスープなど、カフェで出てくるのと同じようなメニューなのですが、カフェのものよりは繊細な味付けで、デコレーションがきれい。サンドイッチのパンにはバゲットではなく、パン・ド・ミ（イギリスパン）を使っていたり、上品に食べられる工夫がされています。

紅茶のブランドは、日本でもおなじみの「Mariage Frère（マリアージュ・フレール）」をはじめ、「Kusumi Tea（クスミ・ティー）」「Janat（ジャナ）」など、フランス生まれの高級なものがよく置かれています。メニューには、ブランド名がきちんと記載されていることもあり、紅茶にこだわる人は、お気に入りのブランドとフレーバーが置かれている店に通っています。

---

1. シックなインテリアのサロン・ド・テでお茶をするのは、パリの醍醐味のひとつ。
2. サロン・ド・テのサンドイッチには、バゲットではなくイギリスパンがよく使われます。
3. ジャックマール・アンドレ美術館のサロン・ド・テのメニュー。企画展に合わせたメニューも。
4. どこのサロン・ド・テも女性の姿が目立ちます。おしゃれなひとが多いのも特徴。

057

ところで、パリの有名なサロン・ド・テは、セレブリティと遭遇確率の高いスポット。わたしは以前、アンジェリーナで女優のカトリーヌ・ドヌーブを見かけることができました。他の友人からも、ジュリエット・ビノシュやイザベル・ユペールなど、有名な女優を見かけたという報告をよく受けます。いくつか店を訪れていると、そんなうれしい出会いがあるかもしれません。

1. ビジネス街にあるサロン・ド・テでは、打ち合わせをするひとたちも。
2. サラダもサロン・ド・テの定番メニュー。こちらは、ブリオッシュのサンドイッチ付。
3. 食事のあとは、デザートを。濃厚なピスタチオクリームのフレジエ（イチゴケーキ）。
4. 良いサロン・ド・テでは、キッシュは自家製です。オゼイユ（スカンポ）のキッシュ。

07 Les viennoiseries ne sont pas considérées comme un repas.
菓子パンはごはんにならない

パリのパン屋では、焼きたてのクロワッサンやパン・オ・ショコラ、クロワッサン・オ・ザマンド（アーモンドクリームの入ったクロワッサン）、ブリオッシュなど、viennoisserie(ヴィエノワズリー)と呼ばれる菓子パンがいろいろ売られています。ほんのり温かく香ばしい焼きたてに遭遇したなら、買ってからは我慢できなくて、間違いなく家に帰るまでに食べきってしまいます。
このヴィエノワズリーは朝ごはんや、午後のおやつにはよく食べますが、これだけでランチになることはまずありません。甘いものはあくまでお

やつ。けっこう大きいので、個人的にはこれだけでおなかいっぱいになったりするのですが、それでもパリのひとにとっては何個食べても食事にはならないようです。パン屋ではサンドイッチやキッシュなど、塩気のあるものを食事扱いにし、それにデザートとしてタルトなどのお菓子を買うこともありますし、ヴィエノワズリーの小さいものを買うこともあります。甘いパンを異様に嫌うひともたまにいて、例えば気の利いたサロン・ド・テでブリオッシュ生地のほんのり甘いパンがサンドイッチに使われていると、「なにこれ、パンが甘い！」といって過剰とも思える拒否反応を示したりします。塩気のあるもの、甘みのあるものをはっきり分ける傾向があるのは、甘めの食事の多い日本とはけっこう違う部分です。

ところで、代表的なヴィエノワズリーである pain au chocolat（パン・オ・ショコラ）は地域によって呼び方が違うのをご存知でしょうか？パリなど北のほうでは pain au chocolat(パン・オ・ショコラ) なのですが、ボルドーなど南のほうでは chocolatine(ショコラティーン) と呼ばれています。作り方も中身もまったく同じで、呼び方が違うだけなのです。北のひとからいわせると、「ショコラティーンなんて、なんか音が変だし、ちょっと軽い感じがする。おいしそうに思えない！」と。一方、南のひとからいわせると、「パン・オ・ショコラってなんかどっしりしすぎてて、軽いおやつって感じしないし、なにより名前が可愛くないよ」とのこと。理由も理屈もないので、終わりのない戦いになってしまいます。郷に入れば郷に従え、パン・オ・ショコラのことは、南に行ったらショコラティーンと呼びましょう。

「ラ・デュレ」のカネル（シナモン）。
パティスリーの菓子パンは、パン屋
のものより繊細。

08 Déjeuner au marché des Enfants Rouges.
北マレのマルシェでランチ

マルシェというと、ふつうは食品を買う場所なのですが、北マレにあるアンファンルージュのマルシェは少し違います。通常のマルシェと同様に八百屋、魚屋、チーズ屋などもあるのですが、買い物をするというよりはむしろ、ランチをしに行く場所なのです。マレは観光地ではありませんが、洋服や雑貨のブティック、レストランが立ち並ぶ流行の発信地的なおしゃれエリア。マルシェの中の食堂とはいえ、集まってくるひとたちも、どこか洗練された雰囲気です。

マルシェの中には、各国料理の惣菜屋が並びテーブルが出されていて、そこで食事ができます。ピクニック気分で食事を楽しめるので、平日のランチタイムはもちろん、週末も多くのひとでにぎわいます。イタリア料理、レバノン料理、モロッコ料理、ワインバー、日本の弁当まである

ので、何回行っても飽きません。屋外なので子ども連れでも大丈夫。週末にはおしゃれなファミリーがブランチがてらやってきて、ゆっくり過ごしているのを見かけます。

その中でもわたしが好きなのは、クスクスなどを出すモロッコ料理店。サラサラのスムール（つぶ状パスタ）に、スパイスのきいた羊肉やメルゲーズ（羊肉の辛いソーセージ）をのせて、野菜の入ったソースをかけたクスクスが人気です。テーブルもモロッコ風のステキなデザインで、家に欲しくなります。ボリュームはしっかりありますが、ここはレストランではないので友だちと取り分けをしても大丈夫。

ちなみに、ワインやビールを飲みたくなったら、マルシェ内のワインバーやワインショップで買うことができます。食べ物を出す惣菜屋では酒を売るライセンスを持っていないため、販売ができないのです。ランチを食べているのと違うお店から買ってきたものを飲む、というのはちょっと気が引けますが、それもマルシェならではの気楽さ。パリっ子がひしめき合うマルシェの中で食べるランチは、パリに住んでいるような気分を盛り上げてくれます。

09 Bo bun, un plat qui à la cote.
愛されるボーブン

　ベトナムはその昔フランスの植民地だったので、いまでもパリにはたくさんのベトナム料理店があります。誰でも知っている人気メニューは、フォーとボーブン。

　汁麺のフォーは日本でも有名ですが、ボーブンはあまり知られていないでしょう。ブンという米の麺をゆでて、野菜と牛の焼肉をのせて、そこにニョクマム（魚醤）と酢、唐辛子、砂糖などを加えた甘いタレをかけて食べる麺料理。これにゆでエビや小さな揚げ春巻き（パテ・アンペリアル）をトッピングして食べるのがパリでは一般的。この料理と同じものは本国ベトナムにもあって、ブン・ボー・サオまたはブン・ボ・ナン・ボと呼ばれているそうですが、フランスに来て短縮されるのはまだわかるとしても、なぜブン・ボが、現在のボーブンと呼ばれるようになったのかは謎です。ちなみに、これはベトナム南部の料理ですが、フランス

に伝えたのはハノイなど北部の移民だそう。謎は深まるばかりですが、ただ言えるのは、いまもパリで愛されているということです。

ボーブンは街なかにある中華惣菜店でもだいたい置いていますが、ちゃんとしたベトナム料理店で食べるのがベター。ボーブンも追求し始めると奥が深く、友人の中には毎日のようにパリ各所のボーブンを食べ歩きしているひともいるほどです。彼女におすすめの店をたずねると、細かな情報が返ってきます。麺の太さ、硬さ（ブンは太めのやわらかい麺ですが、たまにビーフンを使っている店もあります）、また肉の質とやわらかさ、野菜の新鮮さなどなど、店によってクオリティーも様々。わたしもそこそこ食べ歩いているのですが、おいしいなと感じる店にはソースに工夫があって、定番の甘辛ソースに加えて、肉汁のようなものが麺にからめてあったりして、味に深みを出しています。また、ゆでエビの新鮮さ、揚げ春巻きの揚げ方などなど、比較しだすとキリがなくて、ついつい新しい店の開拓を続けてしまいます。

フランスでベトナム料理というのもピンとこないかもしれませんが、日本人の味覚にもぴったりのボーブン、ぜひいちど試してみてください。きっとハマりますよ。

10 Le steak frites et sa sauce mystérieuse.
ステック・フリットと謎のソース

steak frites（ステック・フリット）はステーキ＆フライドポテト。ランチの定番で、国民食といってもいいほど、好まれているメニューです。フランスではステーキとフライドポテトは必ずセット。だから、ステック・フリットはすでにひとつの料理なのです。店によってベアルネーズソースなどのソースが選べたり、塩コショウ味だったりするのですが、ビストロやブラッスリーでは、そこにマスタードをたっぷりつけて食べているひとがよくいます。マスタードの味しかしなくなるんじゃないかなあ、とも思うのですが、サッパリして食べやすくなるようです。どんな肉料理にもかならずマスタードを付ける、というひともいます。ちなみに肉は、どんな部位であっても赤身。カフェやリーズナブルなレストランではバヴェットと呼ばれる腹身肉が多いようですが、これも店によります。たまに、かみ切れないほど強い食感の肉もありますが、それは運次第。肉の分量はこれも店によるのですが、だいたい200〜300gくらいのようです。日本のようにサシの入った肉はほぼ皆無で、ボリュームがあってもあっさりしているので、案外食べきれてしまいます。
とはいえ、なんで肉を焼いてイモを揚げたというあまりにシンプルなものが、そんなに好まれるのか、と疑問に思っていました。しかし、「Le Relais de l'Entrecôte（ル・ルレ・ド・ラントルコート）」で食べてから、その考えが変わりました。ここは、1959年の創業以来、ステック・フリットのセットメニューだけで営業してきた店で、パリに3店舗あります。あるとき、友だち数人とこの店の話になったのですが、その場にいた全員がそのステーキをほめたたえ、そして「あのソースだけは、なにが入ってるのかわからない」と口を揃えていうのです。
ル・ルレ・ド・ラントルコートにはセットメニューしかありません。メニューを選ぶまでもなく、席についたら問答無用にサラダが出てきて、

不思議な色合いのソースですが、旨みも香りもとても複雑。やみつきになる味わいです。

067

ジョルジュサンクにある
マルブフ通り店。ランチ
タイムは行列必至です。

その後アントルコート（リブ）と細いフライドポテトが2回に分けてサーブされます。そしてステーキには sauce fameuse（ソース・ファムーズ　おいしいソース）とだけ書かれている、謎のソースがたっぷりとかけられます。新鮮で柔らかい肉、申し分ない焼き具合、そして複雑な味わいのソース。酸味やハーブの香りが絶妙なバランスを持ち、こってりしてるのにまったく食べ飽きないのです。フライドポテトもサクサク軽く、よいアクセントに。そして、このポテトをソースに浸して食べると、背徳に近いほどのこってり＆香ばしさのコンビネーションを味わえます。肉、ソース、ポテトの三位一体となることの幸せを、わたしはかくして知ることになりました。いまとなっては、店は選ぶものの、大きな声で「ステック・フリット大好き！」といえるほどです。

この店でランチタイムに食事をしていたとき、隣にちょっとリッチな身なりをした男性2人が座っていました。見ると、ステック・フリットにワイン1本、それに大きなデザート（プロフィットロールが名物のようです）、そして食後酒のコニャックまで、しっかり平らげていました。少し話をすると、近所で会社を経営する社長さんたちとのこと。週に1～2度は来る常連さんで、「この店を買い取るのが夢なんだよ、そのうちオーナーになるからね！」と茶目っ気たっぷりに話していました。常連に愛されている店なんだなあ、と思ったものです。

なお、この謎のソースですが、インターネット上でレシピが出回ることがあり、そのたびに噂にはなるのですが、店側のコメントもなく、依然として謎のまま。旨みの秘訣は鶏レバーにあるという噂もあり、なるほどな、とも思います。それほどコッテリしたソースなのです。有名なシェフや料理学校の先生も、このソースを再現するのに挑戦しているとのこと。パリにきたら、ぜひこの謎のソースを味わっていただき、レシピの解明をしてみてください。

11 Le burger est très en vogue.
バーギャーが大ブーム

フランス語では、ハンバーガーはburger(バーギャー)。文字に書いても、音で聞いても、日本人にはちょっとおかしく思えることばですが、ここ数年、パリは空前のハンバーガーブーム。ファストフードや観光客向けカフェのバーガーとは一線を画した、グルメバーガーのショップやフードトラックがたくさんできています。もともと、肉が主食、しかもパンへのこだわりは半端ない土地柄なので、それが合わさったハンバーガーのレベルの高さはさもありなん、とも思います。

有名なところでは、パリ市内に3店舗ある「Big Fernand（ビッグ・フェルナン）」。肉とチーズはすべてフランス産、バンズもソースもフライドポテトも全部自家製。パテはどっしり分厚く、肉感が強くジューシーで食べごたえ十分。いつも行列している人気店で

---

1. バンズは外はパリッと中はふんわり、パテは分厚いのがお約束です。
2. フォアグラ・バーガーが人気の「ル・ゼーブル・トケ」モンパルナス店。

す。スタッフがとてもフレンドリーなのもうれしいところ。個人的にとても好きだったのは、17区にあるステーキハウス「Le boeuf volant（ル・ブッフ・ヴォラン）」がランチタイムにだけやっていた、テイクアウトのバーガー。シェフがひとつひとつ、目の前で作りあげるチーズバーガーは、パテは超レア、パリっとしたレタス、濃い目のソース、ふんわりカリッと温められたバンズが絶妙なバランスで、大きいのに食感は軽く、気づいたらぜんぶ食べてしまっているのです。あれほど技術を感じさせるハンバーガーを食べたのは生まれて初めてのことでした。これがきっかけでパリのバーガーが大好きになったのですが、残念ながらこのランチのバーガーは終了してしまいました。レストランの夜のメニューにはあります。

フランスらしいメニューといえば、生のフォアグラソテー入りのハンバーガーでしょう。高級フランス料理の代名詞とされるフォアグラですが、バーガーとの相性もなかなか。モンパルナス

---

3. よく通っていた「ル・ブッフ・ヴォラン」のテイクアウトコーナー。
4. わたしのパリのナンバーワン、「ル・ブッフ・ヴォラン」のダブルチーズバーガー。

071

にある「Le Zèbre Toqué(ル・ゼーブル・トケ)」の Le Zèbre（ル・ゼーブル）は、フォアグラのソテーが贅沢に入った看板メニュー。カラメリゼされたほんのり甘い玉ねぎが、リッチな味わいを引き立てます。ちなみに、こちらのパテには銘柄牛のシャロレ牛を使うというこだわりよう。それでいて、わずか13ユーロ（約1800円）なのです。これにフライドポテトを付けると、言わずもがなの大ボリュームに。ファストフードの代名詞であるハンバーガーが、ここまで高級に仕上がってしまうのが、グルメの国フランスらしいところです。

ちなみに食べ方ですが、テイクアウトの場合は別として、店でナイフとフォークが出てきたら、ほとんどのひとがナイフとフォークを使って食べています。ハンバーガーをナイフとフォークで食べるのはけっこう難しく、せっかくのハンバーガーなのに中身とパンをバラバラに食べているひともよく見ます。大ブームとはいえ、バーガーをパスンと軽くつぶして大口で食べるアメリカ風のハンバーガーの食べ方は、まだ定着していないようです。

「ル・ゼーブル・トケ」のバーガーは、こんなにかわいいラッピングで出てきます。

「グリレ」のケバブサンド。ジューシーな肉にハーブのいい香り。高級な味わい。

12　Se régaler avec un sandwich Kebab.
ケバブサンドでおなかいっぱい

パリの若い人たちが、リーズナブルにおなかいっぱいになりたいときに、よく食べるのがケバブサンドです。もともと中東の食べ物ですが、移民の多いフランスでも定着しているメニュー。スパイシーでエキゾチックな香辛料と焼いた肉の香りには、かなり食欲をそそられます。最近では日本でもフードトラックなどで売られいるようですが、日本とパリのケバブサンドの違いは、そのボリュームにあるでしょう。

パリのケバブ店に行くと、まずサンドイッチかアシエット（皿にのせるメニュー）にするかを選びます。そしてトマト、タマネギ、レタスなど、入れる野菜とソースを選びます。ソースの種類は店によるのですが、ソース・ブランシュ（白いソース）といってヨーグルトとニンニクが入ったものや、唐辛子の調味料アリッサの入ったソース・アリッサなどが一般的。最近では、アメリカ風のバーベキューソース、またマヨネーズだけでシンプルに食べるひともいるようです。これに、追加でフライドポテトをのせるかどうかを決めます。ピタパンに肉をたっぷり挟んだケバ

ブサンドイッチだけでも十分なボリュームですが、これにフライドポテトをのせるので、ずっしりとした重みになります。パリの友人たちからは「学生のときよく食べたなあ」という声がよく聞かれます。フライドポテトをのせても、だいたい5～6ユーロ程度（約700～900円）。物価の高いパリでは、かなりお得な食べ物です。ケバブの大ファンも多く、フランス国内のケバブランキングをつけているインターネットサイトもあります。その中のひとつ、kebab-frites.com（ケバブ・フリット・ドットコム）で2位になっている店「Bodrum（ボドラム）」が、わたしの家の近くのバティニョールという街にあるのですが、そこはいつ行っても大行列。あまりよくない肉を使っている店では、ケバブを食べたあと胸焼けを起こしたりするのですが、この店のものは大丈夫です。ただし、ボリュームはしっかり。おそらく年中無休ですが、なんと夏休みのバカンスは7月初めから9月半ばまでの2ヶ月半ほど取ります。それほど繁盛しているということでしょう。

庶民の味方のB級グルメであるケバブですが、最近では洗練されたケバブを売る店も出来ています。2区にある「Grillé（グリレ）」は、高級ケバブの専門店。イートインもありますが、席数は少ないので、ほとんどのひとは持ち帰りです。メニューはケバブだけで、ソースはソース・ブランシュとパセリやミントのきいたソース・ヴェルト（緑ソース）の2種類。上品なサイズのケバブだけで、なんと8.5ユーロ（約1200円）もします。これにポテトを付けて、ジュースを付けて……としていると、日本円で2000円くらいになってしまいます。ただし、オーガニック小麦を使ったパンはいつも焼きたて、羊肉、仔牛肉、豚肉をミックスした肉は、有名高級肉店「Hugo Desnoyer（ユーゴ・デノワイエ）」のもの。ソースは香り高く、フライドポテトも自家製です。だけど、ボリュームは一般のケバブに比べると、かなり少なめ。この値段を高いと思うか、安いと思うか、価値観が試されるところです。

話のネタにはいいですし、実際、味はとてもいいですよ。一度はお試しあれ。

「ボドラム」のケバブを持ち帰り。肉もポテトも、こんなに山盛りで5.5ユーロ。

13 J'avais envie de manger de l'anguille.
ウナギが食べたくて

海外に長くいると、やはり日本食が恋しくなります。和風の食材を買い求めて家で作ってはいるのですが、出来ないメニューもあり、そういうものは店に食べに行くしかありません。夏が近づいたある日、無性にウナギが食べたくなりました。でも、日本食材店で買うと高いし、食べに行くともっと高い。それに、パリで鰻屋に行くのは、なぜだか欲に負けたような気分になってしまうのです。でも食べたいなあ、どうしようかなあ、と思っているところに、友人から食事の誘いがあり、ブルスにある「Saturne（サチュルヌ）」でランチをすることになりました。繊細な料理とサプライズのある洒落た盛り付けで、とても気に入っているレストランです。

ランチメニューを眺めていると、ウナギの燻製とポーチドエッグの前菜があり、これしかない！とワクワクしながら皿が出てくるのを待ちました。しかし、出てきたのはウナギとは思えない、サバの燻製のようなもの。このメニュー自体はとてもとても良い味で満足したのですが、ウナギが食べられる！と期待していただけにガッカリしてしまい、これはきっと違う魚に違いないと店員にたずねました。そうすると、「いや、これはウナギです。ウ

ナギ、食べたことないんですか?」という答え。それでも納得がいかず、友人づてでキッチンに入っているひとに質問してもらいました。でも、その答えも、やはりウナギだというのです。

食に関わる仕事をしているのに恥ずかしいことですが、このときに初めて、日本のウナギとヨーロッパのウナギが違うことを知りました。種類自体が違うのです。燻製ウナギも、ボルドーの伝統料理ウナギの赤ワイン煮の存在も知っていたのですが、種類は日本のものと同じだと思い込んでいました。燻製にしたヨーロッパウナギは青魚に近いような印象です。もちろん食べ物としてはおいしいのですが、日本のウナギの味が恋しいときに食べると拍子抜けするかもしれません。ただし、ヨーロッパのウナギも日本の職人が手がけると、とても上質な蒲焼きなどに仕上がるそうで、近ごろでは料理人の間で注目されているという話も聞きました。

14 Des sushi à Paris
パリのスシ

パリの街角のいたるところに、sushi（スシ）を食べさせる店を見かけます。日本人が経営している高級店は別として、街なかにある店は、たいがい中華系のひとびとが経営する焼き鳥（brochette ブロシェット）とスシの店。しかも、スシメニューはサーモンとキュウリがほとんどで、皿を眺めるとピンクと緑だけ、ということもしばしば。フランスの食事なので量も多く、よくサーモンばっかり飽きずに食べられるなあ、と感心します。というわけで、こういったものはお世辞にも日本人としては寿司と認定するわけにはいきません。言うなれば、「寿司のようなもの」。試してみてもいいとは思いますが、あえておすすめはしません。たまに、パンが添えられていることもあるので、おもしろエピソード作りにはいいと思います。

対して、これはぜひ試してほしい！というスシもあります。それは、フランスに70店舗以上も展開する宅配とテイクアウトのチェーン「Sushi Shop（スシ・ショップ）」のもの。パリにも

6区のシェルシュ・ミディ通りなどに18店舗があります。マグロ、エビ、ホタテなどのにぎりもあるのですが、いろんな種類のカリフォルニアロールやスプリングロール（生春巻きの皮で巻いたもの）があり、日本にはない味を楽しめます。特に、フォアグラとイチジクジャムを巻いたフレンチ・タッチというメニューは、フランスらしい一品で土産話のネタとしてもおすすめ。期間限定で有名なシェフとのコラボメニューもあるので、見つけたら食べてみてください。わたしが気に入っていたのは、「Joël Robuchon（ジョエル・ロブション）」とのコラボメニュー。華やかな色合い、中身はバジルとエビにキウイとマンゴーソース、オマールにバナナ、ユズ、マンゴーソースと、組み合わせだけ聞くと味の想像がつきにくいのですが、そこはさすが有名シェフ。それが寿司かどうかは置いておいて、新たな味の発見をさせてくれます。

ところでスシ・ショップでは、ランチタイムにセットを買うと、スシのセットに"おまけ"でなにものっていない酢飯とみそ汁がついてくるのですが、そんなに米ばっかり食べるとは、これはちょっと不思議です。

15　Pourquoi les Parisiens aiment-ils tant le coca?
なぜかコカが好き

ランチタイムの飲み物にワインやビールを飲むひとが多いことには触れましたが、アルコールを飲まないひとはどうしているのでしょう？　ペリエやボルヴィックなど瓶入りの水を頼むひともいますが、炭酸飲料を飲んでいるひともたくさんいます。瓶入りの水も炭酸飲料も同じくらいの値段なので、どうせなら味のついたものを、という感じでしょうか。年中乾燥しているので、炭酸が心地よく感じるというのもあるでしょう。人気なのはコカ。コカは、コカ・コーラのことです。英語ではコークと短縮されるので、すこし違和感があるかもしれません。あとは、スプライト、オランジーナ、ファンタなど、日本と品揃えはほとんど変わりません。それにしても、どんな食事にもコカやスプライトを合わせるひとがいるのには驚きます。サンドイッチなどのパン食ならわかるのですが、魚料理やスシ、ベントーを食べるときまで、コカを飲んでいるひとがいるのです。ワインと食事のマリアージュにはものすごくこだわるのに、なぜ甘い炭酸飲料は平気なのだろう、と疑問を感じます。

炭酸飲料のほかによくあるのがレモネード。瓶に入った既成品や、地方の職人が作ったこだわりのオーガニックレモネード、あとは自家製などバラエティー

があります。酸味はしっかりありますが、甘すぎないものなら食事にも合わせやすいかな、とも思います。最近、おしゃれな感じのカフェなどで見かけるのは、「Bionade（ビオナード）」というドイツのノンアルコール飲料。これは、麦芽を発酵させて作る飲み物だそうですが、甘みはほとんどなく、ハーブなど数種のフレーバーがあります。これも食事に合いやすいドリンクです。あと、少し高級な店でよく見かけるのが、リヨンのメーカー「alain milliat（アラン・ミリア）」のフルーツジュース。品種まで指定したこだわりの果物で作った濃厚なネクターとジュースは、まるでデザートのようにリッチ。これもパン以外には合いにくいのですが、見つけたらぜひ試してほしいドリンクです。日本にも輸入されているようですが、まだ取り扱いの店は少ないはずなので、パリに来たらぜひ飲んでみてください。

1　2

16　Les salades ne sont pas vraiment diététiques.
サラダはヘルシーじゃない

野菜いっぱいのサラダはヘルシーメニューの代名詞ですが、パリのサラダはそんなにヘルシーではありません。というのも、カフェでもレストランでも、サラダはメインになる一品料理。そのボリュームは、かなりのものなのです。

まず、たとえば出てくる器の大きさが違います。直径30センチほどもあるボウルや皿に、山盛りでやってくるのが基本。小皿でやってくる日本のサラダとは、まったく違います。そこに、様々な具材がのります。たとえば、ニソワーズ（ニース風）なら大ぶりのツナ、ジャガイモ、インゲン、ゆでたまご、オリーブなどが、どっさり。上にハム数枚やチーズがゴロッとのっているのは当たり前、焼いた大きな鶏肉やソーセージ、角切りベーコンなどがしっかりのっていたり、フォアグラのソテーがカリッと焼いたパンの上にのってくるメニューもあり、もはやこれはサラダではないのでは？と疑いたくなるときもあります。フランスでのサラ

---

1. リーフサラダの上に、4種類のチーズが大胆にのってきます。
2. 牛肉、ベーコン、ジャガイモ、ポーチドエッグ。もはやサラダの域を超えています。

ダとは、「生野菜の上に具材がのったもの」くらいのイメージで、ちょうどいいと思います。だから、「サラダを前菜にして、メインに何か頼もう」という場合には、まずは大きさを店のひとに聞いてからにしたほうがいいでしょう。大きなサラダが来て、まったく後が食べられない、という危険性さえあります。ドレッシングがこれまたたっぷりかかっていることもサラダが軽くならない原因のひとつ。軽さを求めるひとには注意が必要ですが、食べごたえを求めるひとにはうれしいメニューです。慣れてしまうと、日本でサラダを頼んだときに「なんだろう？　この小さいの」とちょっと不満に思ってしまうほどです。

さて、数あるサラダのなかでも、わたしが気に入っているメニューはというと、salade de chèvre chaud（サラド・ド・シェーブル・ショー　温かい山羊チーズのサラダ）です。これは、グリーンサラダに、パンの上にオーブンで焼いた山羊チーズをのせたもの。山羊チーズは少しクセがありますが、焼くと香りが良くなり、香ばしく焼けたパンとの相性は最高です。パンとチーズだけだとちょっと重く感じるので、ここにサラダを合わせるのは大正解だな、と食べるたびに思います。

---

3. サラダの上にシャルキュトリー（肉加工品）とチーズ、フォアグラのパテがどっさり！
4. フォアグラのパテやソテーもサラダの具材に。サラダで食べると少しさっぱりします。

17 Comment peut-on manger "les meilleurs plats à Paris"?
"パリでいちばん"を食べるには？

せっかくパリでごはんを食べるなら、いちばんおいしいものが食べたい！と思うのは、当然のこと。情報があふれているいま、どの情報を信じていいのかは、とてもむずかしい問題です。信頼できる友だちからの口コミ情報も自分が望むものすべてをまかなってくれるとは限りません。そこで、わたしが活用しているのは、雑誌「Le Figaro Scope（ル・フィガロ・スコープ）」のウェブサイト内にある「Les testes gourmands（レ・テスト・グルマン おいしいものテスト）」というコーナー。アイテム別に、いろんな角度から専門家が評価し、ピックアップされた数店舗のなかからランキングが付けられます。

ずいぶん昔からあるコーナーのようで、たくさんの項目があります。viennoiseries（ヴィエノワズリー 菓子パン）、plats（プラ 料理）、pâtisseries（パティスリー 菓子）、desserts（デセール デザート）、boissons（ボワソン 飲み物）に分かれています。菓子パンだとクロワッサン、ブリオッシュ、パン・オ・ショコラなど。料理ならクロックムッシュー、ポトフ、ハンバーガー、プレ・ロティ（ローストチキン）など。食べたいメニューが思い浮かんだら、真っ先にチェックしています。この検証の仕方はとても細かくて、食にうるさいフランスを象徴しているようにも思えます。たとえば、パン・オ・ショコラの場合、覆面調査員であるフィガロのジャーナリストが、試食日の朝に買って、有名パティシエ、クリストフ・フェルデールのもと、複数の審査員のブラインドテイスティングで順位を決めます。見かけ、生地の重なり具合、チョコレート、コスト・パフォーマンスの4項目にわたり、各5段階評価、合計20点満点で点数を付けます。サイトにあるビデオを見ると、審査員の真剣さに驚かされます。たかが食べ物、されど食べ物。食に関する

シリアスさには、感服させられます。

このサイトはフランス語ですが、表でランキングが見られるようになっているので、難しくはありません。わたしの試した限り、かなり信頼できるランキングです。このサイトを活用して、ぜひ"パリでいちばん"の味に出逢ってみましょう。

http://www.lefigaro.fr/sortir-paris/tests-gourmands/index.php

※アイテムにより、定期購読者のみが閲覧可能なページもあります。

Chronique
Un restaurant, cela se choisit avec soin.
店選びは、念入りに

意外に思われるかもしれませんが、パリでレベルの高い店を"偶然に"見つけるのはけっこう難しいのです。日本で「これは食べられないな」というほどのマズいものに出合うことはあまりないのですが、パリではたまにあります。飲食店の数がそれほど多いわけでもないのに、フラッと入った店で大当たりということは、本当に少ないのです。店はシックで良さそうに見えても、出てくるのは冷凍食品だったり、サラダがしなびていたり、下処理がしっかりしていなかったり、異常に塩辛く油っこかったりということもしばしば。わたしもある時、北駅近くの知らないカフェに入って、かみ切れないほどかたくて味のしないステーキに当たってしまい、泣く泣くほとんどを残して席を立ったことがありました。しかも、パリでは日本よりずいぶん値段も高いのです。だから、下調べはとても重要。もし数日のパリ滞在なら、そんなハズレを引かないためにもしっかり調べておきましょう。

日本の雑誌のパリ特集はかなり細かく最新情報がのっていると思いますし（パリにあるメディアより細かいほどです！）、もし英語かフランス語が大丈夫であれば、「Le fooding（ル・フーディング）」のウェブサイト（http://fooding.fr）で調べるのがおすすめです。食べ歩き好きの友

人たちから「ここに載っている店にはハズレが少ない！」と教えてもらったサイトです。ミシュランやゴーミヨーもガイドブックとして有名ですが、どちらかというと高級店志向。ル・フーディングは気軽に行けて、料理のクオリティも高く、おしゃれな店が多く取り上げられています。ぜひ一度、ウェブサイトをのぞいてみてください。アプリもあるので、出先で調べるのにも便利です。

3章

パリのランチタイム

L'heure de déjeuner à Paris

パン屋は日本の弁当屋 / 歩き食べはパリっぽい？ / 公園はワイン NG/ フランス男性はスイーツ好き / おうちランチに呼ばれたら / うれしいオムレツと残念なオムレツ / 手土産はうさぎの腎臓 / 辛いものが苦手なフランス人 / 猫舌なパリっ子たち

Chronique　パリジャンはテラスが好き

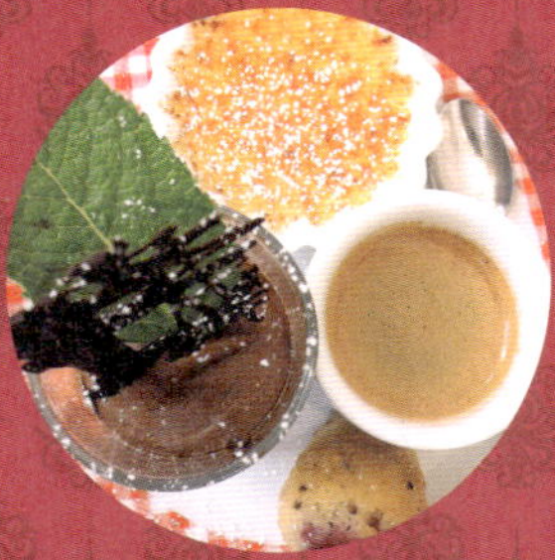

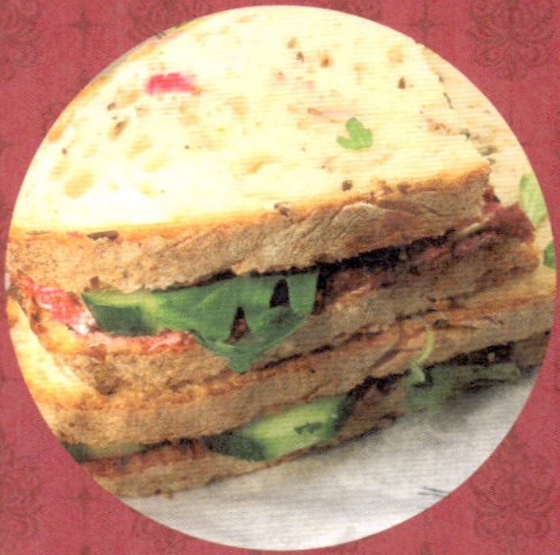

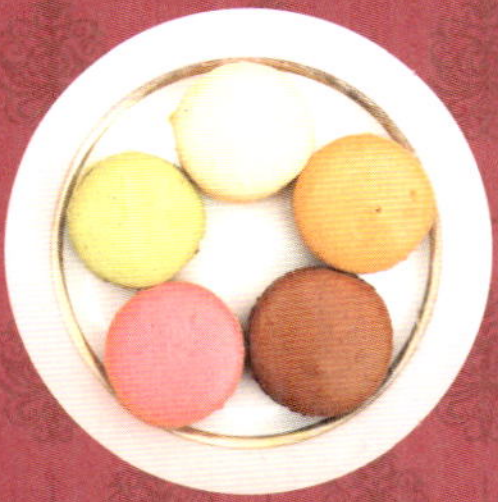

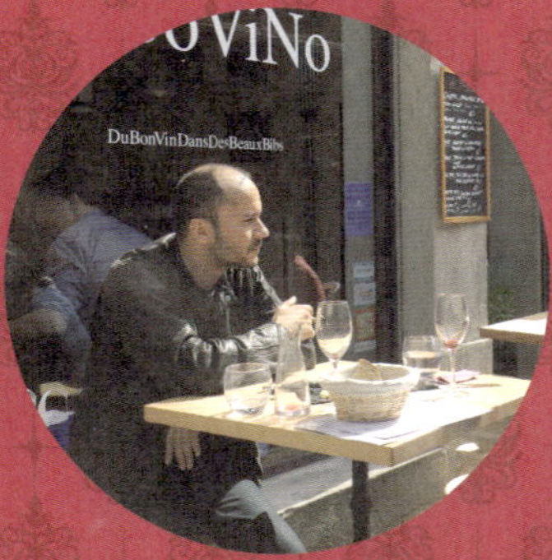
DuBonVinDansDesBeauxBibs

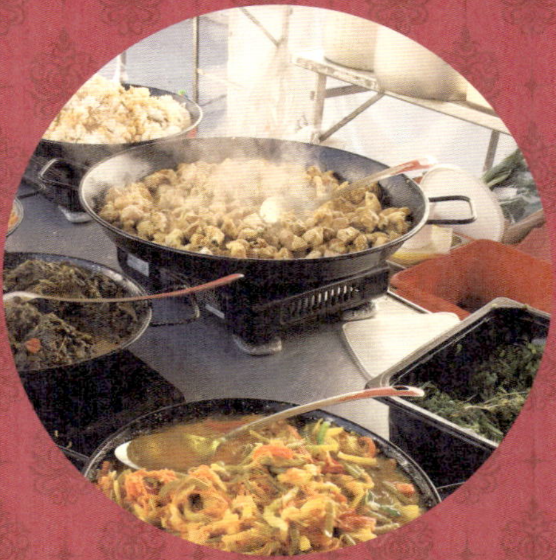

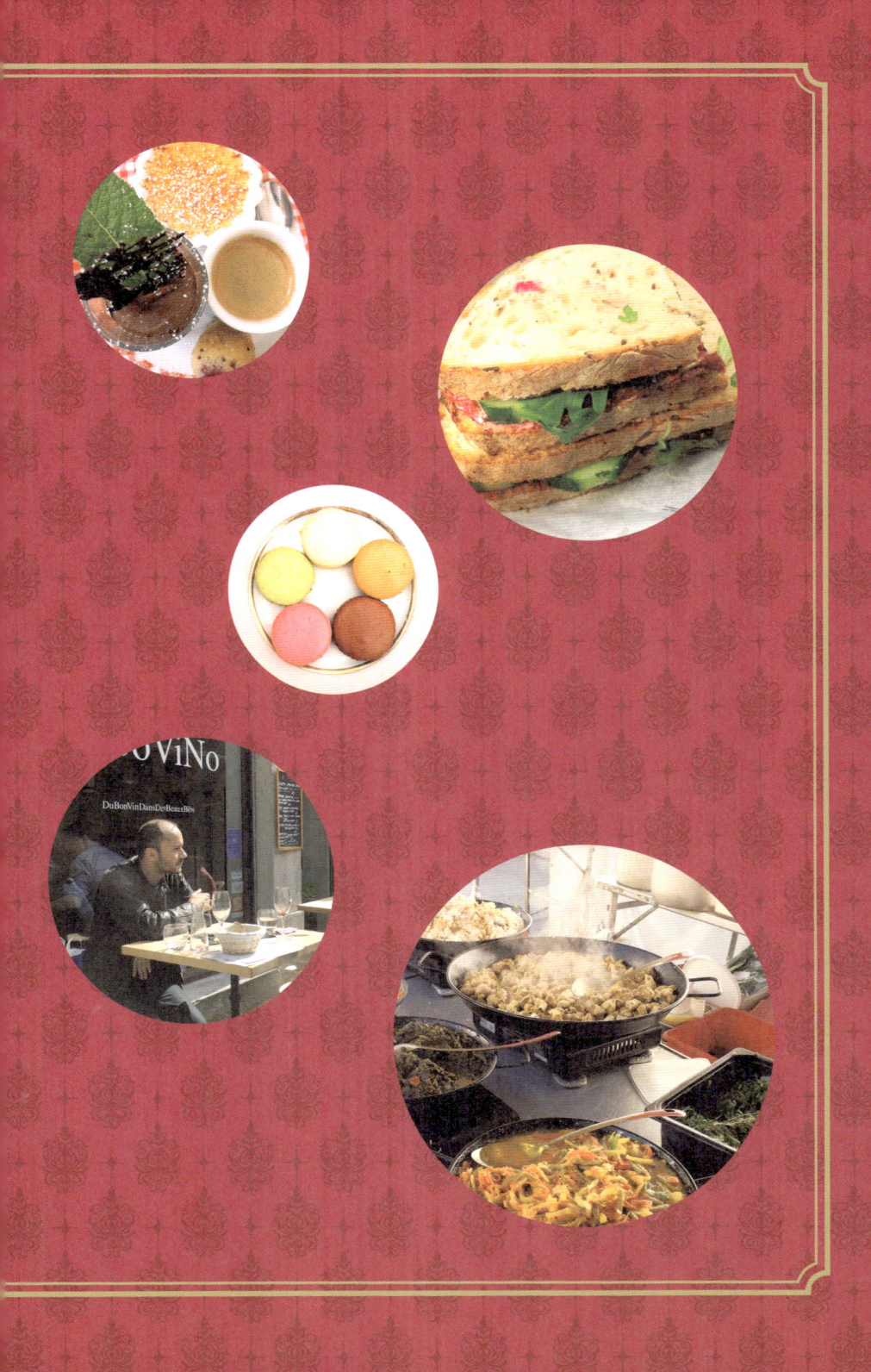

01 La boulangerie est comme le magasin de Bento au Japon.

パン屋は日本の弁当屋

お昼どきに街を歩いていると、多くのパン屋で大行列しているのを見かけます。これは、菓子パンや食事用のバゲットなどのパンではなく、formule midi（フォーミュル・ミディ　ランチセット）を求めるひとたちの列。好みの弁当を買いに日本のひとが人気の弁当屋に並ぶように、パリのひとたちはランチセットを求めにパン屋へ行きます。コンビニはいまのところ、フランスにはありません。ここ数年、コンビニのようなスーパーの小さいバージョン「monop'（モノップ）」、「Carrefour Express（カルフール・エクスプレス）」などをちらほら見かけるようになりましたが、それでも日本のコンビニほど品揃えが多いわけではなく、ランチ用に買えるのはパックに入った冷たいサンドイッチやサラダだけ。わたしの知る限り、パンはかたく、具材も少なく、お世辞にもお

---

1. パン屋のウィンドウ。サンドイッチのセットには、菓子パン、飲み物がついてきます。
2. サンドイッチは日本のものと比べると、多くが3倍以上の大きさです。

いしいとはいえません。その上、特に安いわけでもなく、種類も少ないので、パン系のランチをテイクアウトしたいひとは、作りたてのサンドイッチなどをパン屋で購入するほうがずっといいのです。

ランチセットは、店によって内容が異なりますが、だいたいサンドイッチ＋デザート＋飲み物。サンドイッチはハムチーズやツナなどいろいろあり、またホットドッグやキッシュ、パニーニなども店によっては選ぶことができて、その場で温めてもらうこともできます。デザートはショーケースの中にあるチョコレートや季節のタルト、エクレアなどがあるので、好きなものをチョイス。そして、オランジーナやスプライト、コーラ、またバドワなどの炭酸水といったペットボトルや缶入り飲料がセットになります。これで、だいたい6～10ユーロくらい。サンドイッチもデザートも大きいので、十分なランチになります。店によってはパン類ではなく大きな容器に入ったサラダを選べることもありますが、サンドイッチよりはだいたい高めです。

少しハードルが高いのは、昼の混んでいるときは、ある程度スピーディに注文しないといけないということ。並んでいる間に頼むものを決めて、

3. スーパーのランチ売り場。パックサラダ、サンドイッチが並びます。
4. ランチセットにはドリンクが付くので、パン屋にはドリンク用冷蔵庫が置かれています。

順番になったらさっと食べたいものを伝えましょう。ランチタイムはみんな時間がないので、もたもたすると店員にも他の客にも少しイラッとされることがあります。でも怖がることはありません。フレッシュなサンドイッチを求めて、パリっ子に混じって行列してみてください。

行列の長さこそが、人気のある店の印。もちろん、まわりにパン屋が他になくて、という場合もあるでしょうが、街なかであれば近所のいくつかパン屋があるのが普通で、ランチタイムと夕食用のバゲットを買うための行列の長さを見れば、その界隈でどの店が人気があるのかは一目瞭然です。時間に余裕があるなら、ちょっと近所を回ってみて、いちばん長い行列に加わってみてください。きっと、満足のいくランチセットにありつけますよ。

レピュブリックの「デュ・パン・エ・デ・ジデ」は有名店。佇まいがすてきです。

どこでも、思い立ったらランチ。サンマルタン運河でのランチタイム。

02 Manger en marchant, c'est très parisien?
歩き食べはパリっぽい？

　パリでは、歩き食べをしているひとをよく見かけます。商店街や道はもちろん、地下鉄の構内、電車の中まで、どこでも堂々と歩いて食べています。子どもの頃から歩き食べは行儀が悪いといわれて育ってきた、日本人のわたしにとってはずいぶんと驚きです。子どもだけでなく大人、それもスーツを来たビジネスマンでさえ歩きながら食べているのです。電車の中でおもむろに大きなサンドイッチを出して、しかも立って食べているのを見ると、そんなに時間がないのかな、せめてベンチに座って食べればいいのに、と思います。レストランですごすゆったりランチとのギャップは、面白くもあり謎でもあります。歩きながら食べても、食べた気がしないからもったいないなあ、と思うのですが。消化にも悪そうですね。

歩き食べの多さにも驚きますが、歩きながらなんでも上手に食べることには感心します。サンドイッチやパンならばまだしも、ボックスに入ったパスタやサラダまで、歩きながら器用に食べます。なぜ歩き食べになるのがわかっていて、片手で食べられないものを選んでしまうのか、それもまた不思議です。でも地下鉄の中やエレベーターの中（！）で、ケバブなど匂いの強いものを食べていることを、まわりは気にしません。日本だと、きっと周囲のひとがジロジロ見るでしょうが、パリでは誰がなにをしていても気にしないのです。

もうひとつ、ランチに限ったことではないのですが、ちょっとびっくりする話を。それは、スーパーマーケットで支払う前のものを、その場で食べてしまうひとがいるということ。さすがに大人がこれをしているところは見たことがありませんが、お菓子やパンなどを大人が子どもに与えて、店内で食べさせているのはよく見ます。どうせ支払うのだから食べても問題ない、ということなんでしょうか？　食べてしまって、支払わずに出て行くひともいそうです。ただ、さすがにこれはマナー違反と考えるひともいるようで、わたしの友人は「常識がなくて恥ずかしい行為」と言っていました。たしかにそうですが、こんな自由（？）があるのも、パリらしいな、と思ってしまいます。

03 Le vin est interdit dans les parcs.
公園はワイン NG

　天気のいい日、パリにいくつもある美しい公園は、ランチを食べるひとびとでにぎわいます。大きなところでは、リュクサンブール公園やチュイルリー公園。小さなところなら、街を歩くだけですぐに見つけることができます。サンドイッチやケバブ、ピザにサラダにハンバーガー。好きなメニューを買って、公園のベンチでのんびり食べるのは、とっても贅沢な気分です。せっかくなのでワインやビールも、といきたいところですが、残念ながらパリ市内の公園は、アルコール類の持ち込みは禁止。休日に公園でピクニックをしたくても、アルコールを飲むことはできません。フランスのピクニックといえば、イメージではワインがつきもののような気がするのですが、パリの公園ではそういうわけにはいかないのです。多少はうるさくない公園もあるようですが、それでも原則は禁止。その決まりの枠をくぐり抜けるように、公園には当たらないアンヴ

天気がいい日のランチ
タイムはひとでいっぱ
い。食事が終わったら、
そのまま日向ぼっこ。

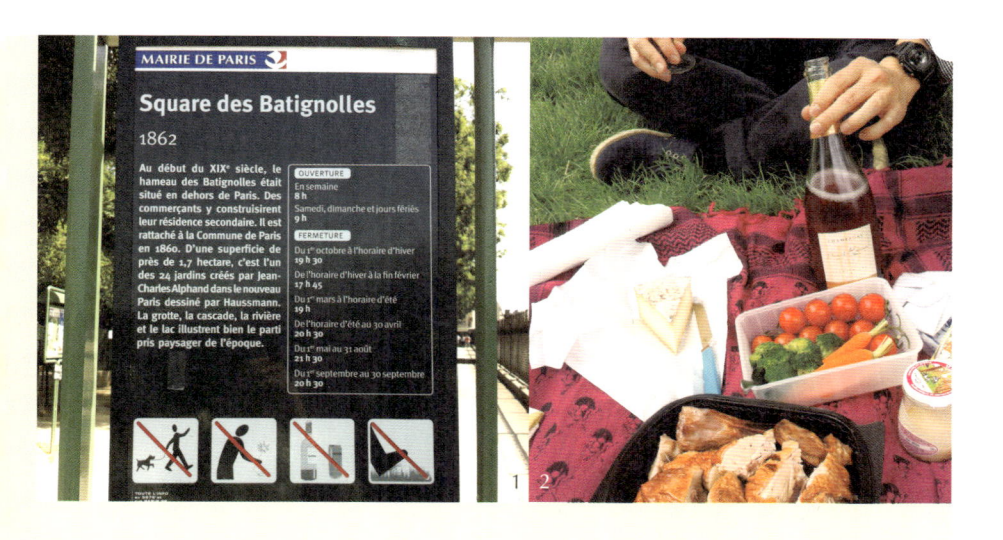

ァリッドやセーヌ川岸の遊歩道でアルコール有りのピクニックをしているひとも多くいます。

ただそうはいっても、公園で周囲をよく観察していると、やっぱり飲んでいるひともいます。ビール缶はビニール袋で、ワインボトルは紙袋で、それぞれカバーしたりして、こっそりと。大胆に飲んでさえいなければ、公園の監視員も警官もそれほどうるさくは言わないようです。もちろん、酔っ払って大騒ぎするのは問題ですが。

ちょっと恥ずかしい話ですが、ある日、わたしもアルコールが禁止であることを知っていながら、17区の某公園で友人たちとピクニックをしたことがありました。監視員と警官は、最初は見てみぬふり。そのうち、こちらも大胆になってきて、ワインボトルを隠さなくなると、「ちゃんとボトルは捨ててね」と軽く遠回しに注意。それでもなお飲んでいると、しっかりと注意され、最後には「飲むのやめないようだから」と公園を追い出されてしまいました。自慢できる話ではないのですが、なるほど、やはり怒られるのだなあ、と身を持って知った次第です。というわけで、パリの公園ランチは、ワインはNGと覚えておきましょう。

---

1. 公園の入り口には、「ワイン、ビールなどアルコール類禁止」の絵が描かれています。
2. ワインなしのピクニックは、やっぱりさみしい。こっそりシャンパーニュを持込みました。

04 Les hommes français adorent manger sucré.
フランス男性はスイーツ好き

フランス料理ではもともと砂糖を使わなかったので、フランス人は一日に摂取すべき糖分が足りず、食後に甘いものを食べるようになったという話がありますが、料理のコース構成は、前菜＋メイン＋デザートが揃って、初めてパーフェクトになります。レストランでのランチのときは、セットメニューで前菜＋メイン、メイン＋デザートのどちらかを選べることが多いのですが、前菜とデザートが同じ重要性をもって存在しているのは、食後にデザートを食べる習慣を持たない日本人にとっては、なかなかわかりにくいと思います。いうなれば、デザートは食事の一部なのです。ただし、デザートといっても必ずしもケーキやタルトなどきちんとしたスイーツである必要はなく、特に家で食事をする場合は、フルーツやヨーグルトでもOK。とにかく何か甘いもの、これがないと落ち着かないようです。

---

1. ジェラートも人気デザート。これは、フランス中にショップがある「アモリーノ」のもの。
2. 毎日の食後デザートには、ヨーグルトやプリンなどスーパーで買ったものをよく食べます。

コーヒーに小さなお菓子がいくつか付いたセット、カフェ・グルマンも人気。

習慣としてデザートをとるのが一般的だからなのか、フランスでは甘いものが好きなひとが多い、というより、むしろ、好きではないひとをこれまでに見たことがありません。子どもはもちろん、大人の女性、そして男性も好きなのです。食事のときにワインを飲んでいて、食後のデザートはとらずにチーズを食べつつ飲み続ける、というのはままありますが、そんなひとでも甘いものはだいたい好きです。男性もしかり。なので、男性に対してもわざわざ「スイーツ男子」という名称を付ける必要はありません。ほぼすべての男性が、スイーツ男子なのです。当然、スイーツを好きなことを恥ずかしいと思っているひとなどいません。むしろ知識を持っていることを誇りに思って、「エクレアならあの店がいちばん」「左岸なら、あそこのケーキに勝るところはないよ」などとマニアックに熱く語る場面に遭遇することもよくあります。

数あるスイーツの中でも、ちょっと特別な位置を占めているのが、chocolat（ショコラ　チョコレート）。子どもも大人も、フランス人はチョコレートが大好き。老若男女を問わず、ちょっといいチョコレートをもらったときには、目をキラキラと輝かせます。当然、店にもこだわりがあって、フレーバーや、時にはカカオ豆の産地までにこだわるひとも。手軽に買えるチョコレートバーから、1粒2〜3ユーロもする高級品まで、クオリティに関わらず、チョコレートが生活に根付いています。高級品に関しては、ワインやシガーを嗜むのにも似た感覚があるように思います。甘いものの粋を越えて、嗜好品の感覚なのかもしれません。それにしても大人の男性が一生懸命スイーツの話をしたり、チョコレートに喜んだり、ひとりでアイスクリームを食べながら道を歩いている姿は、やっぱりちょっと可愛く見えてしまいますね。

---

3. 板チョコにも高級品があります。「ボナ」のチョコレートは素材にこだわった逸品。

05 Si vous êtes invité(e) à déjeuner chez des amis.
おうちランチに呼ばれたら

フランスのひとたちは、よく家にひとを呼びます。ディナーだけでなく、アペリティフ（食前酒の時間）に、そしてランチにも。日本でひとを呼ぶのは、少々特別な機会だと思うのですが、フランスでは特に何があるというわけでもなく、家でごはんを食べるときにひとを招くのです。ものすごく仲の良い親友限定というわけではなく、普通の知り合い程度でも招くこともわりと多くあります。フランス人の若い男性で、仕事のために日本にしばらく滞在していた友人がいたのですが、彼は3ヶ月ほどの滞在の中で同僚や上司に一度も家に食事に呼ばれなかったため、「自分が職場で嫌われていたんじゃないか」と落ち込んでいました。日本では習慣として、よっぽど親しいひとしか家には呼ばないということを伝えたのですが、納得できずにいるようでした。

---

1. 料理上手な友人パスカル。楽しそうに、とても手際よくランチの準備を進めます。
2. ポワロー、サラダ、ハム。素材を生かした前菜たち。バゲットは必須です。

日本とフランスの間での「親しさ」の感覚の違いがあるにしても、どこまで親しくなれば日本で家に招かれるのかを説明するのはむずかしいものです。逆に、フランスでは会ったばかりのひとに家に招かれることがあり、とまどうときもあります。招いたひとが異性の場合、下心があるかどうかは、判断におまかせします。なにしろamour（アムール　恋愛）の国ですからね。
さて、もしパリっ子のおうちランチに呼ばれた場合、どうすればいいのでしょう？　そのひととの関係や、カジュアルな会なのかちょっとフォーマルな会なのかということにもよるのですが、そこそこ仲のいいひとであれば、何を持っていけばいいかを直接聞けばいいでしょう。そうすると、「メインは用意するけど、前菜を何か作ってきて」「デザートを買ってきて」といったリクエストをくれます。全部用意するのは大変なので、このように分担して用意することもよくあるのです。ちなみに、デザートを用意するときに特にリクエストがないならば、小さなケーキ

---

3. コート・ドゥ・ブッフのローストで豪華なランチ。ボルドーのワインと。
4. マカロンは喜ばれる手土産のひとつ。色がきれいなのもポイント。

を数個。チョコレート系、フルーツ系などをバランスよく買うと喜ばれます。では、「何も持ってこなくていいよ」といわれた場合には？　そうはいわれても手ぶらで行くことはないと思うので、アルコールを飲むひとであればワイン、またはチョコレートやマカロンなど数日保存できるスイーツがいいでしょう。中でも、チョコレートは、嫌いなひとが少ないパーフェクトなプレゼントで、スイーツの中でも、ちょっとクラスの高いものと認識されているもの。日常的に食べますし、家でのパーティーで食後のコーヒーや食後酒といっしょに出してもいいので、重宝がられます。他には、花束や鉢植えを持ってくるひとがたまにいます。多少、場面や相手を選ぶとは思いますが、女性に招かれた場合は、チョイスに入れてもいいかなと思います。あると、場が華やぐのでおすすめです。

5.「ポペリーニ」のプチシューはわたしの定番土産。フレーバーを選ぶのが楽しいのです。
6. マレのカフェで見つけたグルテンフリーのお菓子。グルテンフリーはパリでも流行中。

103

ちょっと焼きすぎで、中がパサついた"残念なオムレツ"の例。油っぽいのも難点。

06 Une omelette réussie et une omelette ratée.
うれしいオムレツと残念なオムレツ

オムレツを作るのがむずかしいのは、よく知られたこと。作るのは苦手、と思っているひとも多いかもしれません。油の量やフライパンのこなれ具合、そしてなんといっても火加減。技術を問われるオムレツは、作るのも面白いのですが、わたしにとっては外で食べるほうが楽しい料理です。あまりにたっぷりバターや油を使うので、自分で作ると罪悪感と向き合うことになってしまうのが、ちょっと辛いという理由もあります。昔、オムレツを上手に作れるようになりたくて、家で練習していたことがありました。毎日リッチなオムレツを食べ続けたため、上手にできるようになったころには、自分もふくよかになってしまっていたという、悲しい過去を思い出してしまいます。

さて、オムレツはパリでなくても食べられる料理ではありますが、パリ

では格別に好まれているメニューのひとつなのです。カフェやサロン・ド・テ、ブラッスリーでもかなりの確率でオムレツを出しています。しかしながら、店によってこれほど味に差が出るメニューもありません。技術を問われるのですから、当然のことなのですが。

まず、"出てきてうれしいオムレツ"は、表面がなめらかで、中がトロッとしていて、具材のおさまりのいいもの。オムレツを割ったときに、バターが香るときの幸福感といったらありません。すべてがふんわり柔らかくて、どうやったらこんなものが作れるのだろう、とニヤニヤしてしまいます。わたしはマッシュルームとチーズの具材を注文することが多いのですが、チーズがほどよくトロリと溶けていれば、さらに良し。これにおいしいバゲットと少しのサラダがあれば大満足です。

さて、一方"残念なオムレツ"に出合ってしまうことが多いのも事実。よく出てくるのが、両面しっかり焼きの、固くなったオムレツ。これなら自分で作ったほうがぜったいいい……と後悔することしきりです。さらに、チーズが入っていたなら、かなりの確率でかたいまま。そして、油っぽいのです。先日食べた変わり種のオムレツも、かなり残念でした。それは、型に入れて、おそらくオーブンで蒸し焼きにしたようなもの。ところどころスが入っていて、中のチーズとほうれん草にも火が入りすぎていていました。そもそも、蒸し焼きのたまご料理をオムレツといってしまっていいのか……。いずれにしても、残念な味であったことに変わりはありません。

さて、では、どうすれば"うれしいオムレツ"に出合う可能性が増えるかというと……わたしの経験では、高級感のある店に行くことだと思います。カフェであれ、サロン・ド・テであれ、ブラッスリーであれ、観光客向けの店や場末のさびれた店だと、"残念なオムレツ"が出てくる可能性が高くなる気がします。たまに高級な店でもハズレを引くことがありますが、それはもう仕方ありません。

かくして、"うれしいオムレツ"に出合うことを祈って、またついついオムレツを頼んでしまうのです。

モンマルトルの丘のブドウ収穫祭に出ていた南西地方料理の屋台。名物の鴨、フォアグラ、セップ（ポルチーニ）茸などがメニューに並びます。

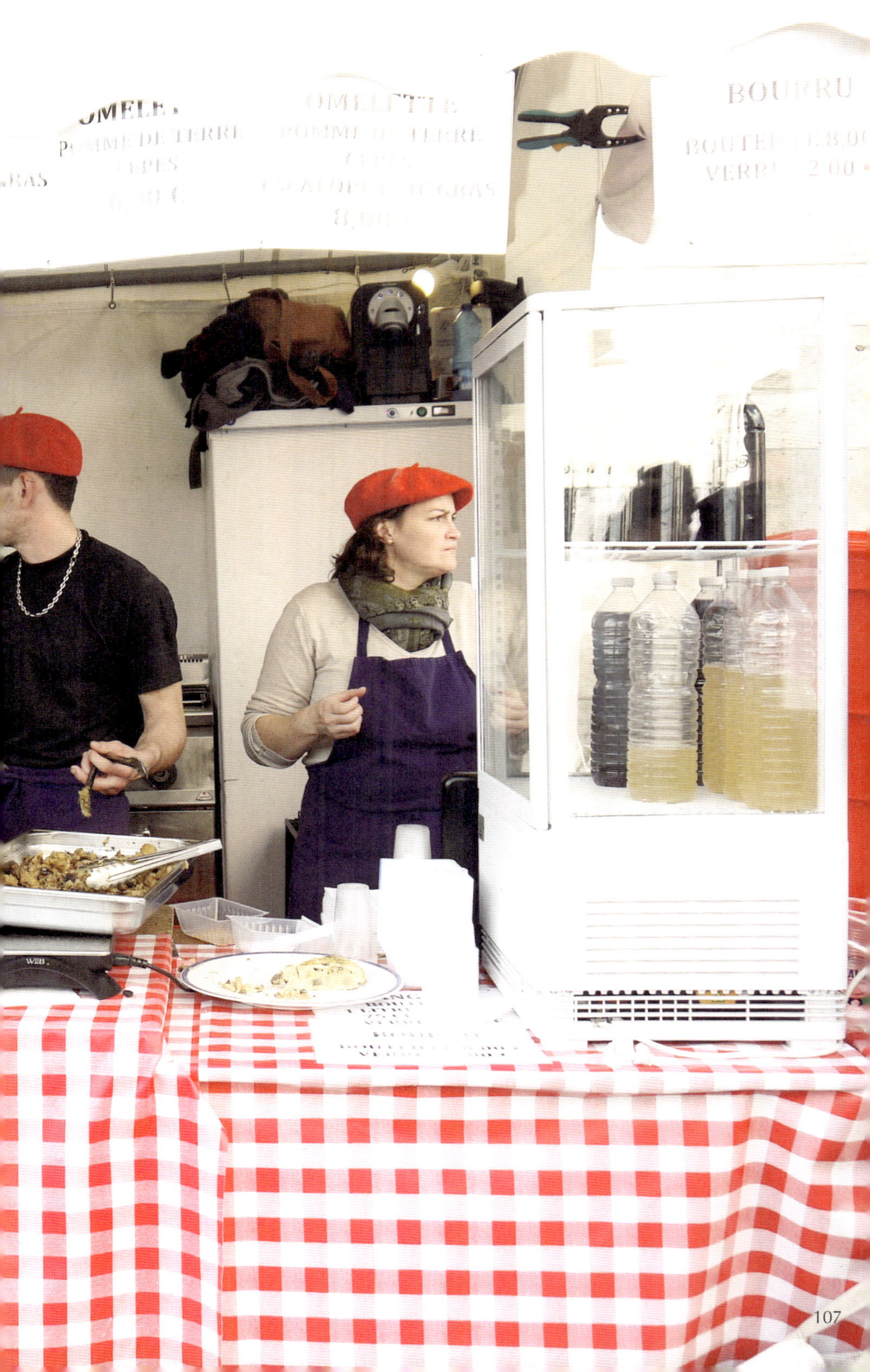
BOURRU

07 Elle a offert à ses convives des rognons de lapin.
手土産はうさぎの腎臓

量もさることながら、内容も重いものが多いパリのランチ。ステック&フリットはまだ序の口。こってり濃い味の牛や羊肉の煮物などもメニューに載ります。あわせてワインを飲んだなら、わたしはもう眠くて仕方なくなってしまうのですが、彼らに言わせると「昼にしっかり食べないと午後からパワーが出ない」のだそうです。日本人でもたくさん食べるひとはいるのですが、それにしても、フランス人はきっと消化能力が優れているんだな、と思ってしまいます。

普通の肉だけでなく、内臓肉のメニューも豊富なフランスでは、ランチに内臓料理を食べることもあります。ある日の会食では、同じテーブルにいた女性が大きなサイズの牛レバーのステーキを食べていて、昼間っからなんて重いものを食べるのだろうと驚きました。

わたしの友人には食いしん坊なひとが多く、家に招いたり招かれたりするときには、その日に調理する食材を手土産として持参することもめずらしくありません。旬の野菜や、珍しいフルーツ、シャルキュトリー（ソーセージやハム、パテ、テリーヌなど）やチーズ、肉、魚。なんでも持ってきてくれるのはとてもうれしいのですが、うさぎの腎臓を手土産にもらったときは、ちょっと驚きました。それまで、鶏肉でさえ腎臓の調理をしたことがなかったので。「マルシェですごく新鮮なのを見つけたからお昼に食べよう、こんなに新鮮なのがたくさん手に入るのはめずらしいんだよ！」とうれしそうに手渡されたのですが、その血にまみれたビニール袋を手にして、途方にくれてしまいました。幸い、きれいに処理がされていたので、すこし下ごしらえするだけですんだのですが、わたしはといえば昼間っから腎臓なんて食べられないよ、と心の中ではつぶやいていました。秋だったので、セップ茸とソテーにしたところ……とてもおいしかったです。ちょっとワインが飲みたくなりました。この

手土産の例は珍しいとしても、昼から内臓料理を食べることには、フランスでは一般的にもそれほど抵抗はないようです。

08 Des français qui n'aiment pas ce qui est épicé.
辛いものが苦手なフランス人

パリのひとに限らず、フランス人は一般的に辛いものが苦手。苦手というより、これまでの食習慣に辛いものがなかったので、慣れていないといったほうがいいかもしれません。もちろんフランスにも唐辛子は売っていますし、piment d'Espelette(ピマン・デスプレット)と呼ばれるバスク地方名産の唐辛子などもありますが、概して辛味は控えめで、どちらかというと料理に入れて香りを楽しむもの。日本人も、もとの食習慣には辛いものは少ないはずですが、韓国・中国・タイなど、近隣の国で辛いものが多く、その文化を受け入れてきたため、かなり耐性ができているのだと思います。

パリにも中華料理やタイ料理の店は多くあって、わたしはよく友人と中華料理の店に行くのですが、中辛〜大辛という表示がなされているメニ

ューも、日本人のわたしにとっては、ちっとも辛くありません。たとえば、四川風麻婆豆腐などの明らかに辛いはずのメニューも、辛さは控えめ。辛いものを食べたいときには、すこし欲求不満になる感じさえします。そんなものにも、フランス人たちは「辛い！」といって顔をしかめています。麻婆豆腐に代表される四川料理についていうならば、唐辛子というよりも、花椒（中国胡椒）のピリッとした辛味が特に苦手というひとも多いようです。日本の七味唐辛子や柚子胡椒でさえ苦手という場合も。わたしは七味唐辛子なんて辛味のうちに入らないと思ってしまうのですが、「味がわからなくなる」と嫌がられることもあります。

話はそれるのですが、ワインのことを少し。実は辛味は、ワインにとって天敵のような存在。少しの辛さなら大丈夫ですが、強いとワインの味を消してしまいます。しかも、辛い食べ物は甘みも伴っていることが多いので、ドライなワインにはだいたい合いません。料理の辛味と甘さが、ワインの味わいを麻痺させつまらなくしてしまうのです。そんなときには、ほんのり甘みのあるロゼを選ぶと、いい組み合わせになります。

09 Des Parisiens qui ne peuvent pas manger très chaud.
猫舌なパリっ子たち

ある日、日本人の方が「パリに来てから熱い食べ物が苦手になった」と言っているのを聞きました。なぜなら、普段の食事でそれほど熱いものが出てこないからだそうです。日本ではアツアツであることがとても大事だとされていて、特にうどん、そば、ラーメンなどの麺類は、熱さが足りないと文句が出るに違いありません。実際、日本のインターネットの口コミレストランサイトなどで書かれる店のマイナス評価には、「出てきた料理がぬるかった」が多くみられます。

たしかに、パリでの自分の食生活を振り返ってみても、それほど熱い食べ物は日常的に食べていないことに気づきました。友人宅での食事でも、オーブンから出てきた直後のグラタンや肉のローストなどはアツアツですが、それを取り分けたりしている間に tiéde（ティエド　生暖かい）な温度になるものです。気のきいたレストランでは、温かい料理は熱した皿の上に乗

秋の味覚、marron chaud（マロン・ショー　焼き栗）。注意して食べないと火傷します。

ってきますが、それでも口に入れたときにアツアツというほどではありません。スープだって、そんなに熱くはないですし、第一スプーンで食べるので、ずいぶんと温度は下がるのです。猫舌かどうかを確認するまでもなく、食習慣によって彼らは猫舌になっているようです。実際、猫舌という言葉も存在せず、猫舌であることをフランス語で言おうとすると、「Je ne peux pas manger très chaud.（ジュ・ヌ・プ・パ・マンジェ・トレ・ショー　わたしはとても熱いものが食べられません。）」と表現するしか方法がありません。

猫舌な彼らにとって困るのが、日本のアツアツの汁物。では、うどん、そば、ラーメンなどを食べる時に彼らがどうしているのかというと、箸で麺をすくい、それをレンゲにのせ、食べているのです。麺はレンゲの上にのせてから食べるというフォーの食べ方に慣れているパリのひとにとってはごく自然なことかもし

パリにはうどん屋もあります。うどんもレンゲの上にのせてから食べるひとがほとんどです。

れないのですが、それにしても、店で見ると思わず注意したくなる光景です。パリの日本人に言わせると「あんな食べ方したらおいしさが半減するよ、作ってるひともがっかりするよね」とのこと。日本人が得意な「すする」という食べ方も、慣れないひとにとっては難しいでしょう。たまに、ものすごく達者なすすり方をするパリっ子を見かけることもあって感心しますが、音を立てるのは行儀が悪いことだと思われているフランスでは、肩身の狭い思いをしているかもしれません。少なくとも、日本びいきでない彼氏・彼女には、嫌がられそうです。

熱い汁物を直接食べられないのに、パリのひとたちは「熱いものは熱いうちに食べないと！」とすごく速いスピードで、それほど熱くもない普段の食事を食べ終えるのです。いやいや、それは日本人にとって熱いうちには入らないし、だったらラーメンを冷まして食べるのはやめてほしいなあ、と思うのですが、それも文化の違い。食べものの熱さの概念には、フランス人と日本人の間で、とても大きな差があるようです。

Chronique

Les Parisiens et les terrasses, une grande histoire d'amour.

パリジャンはテラスが好き

パリのひとたちはテラスが大好き。多少寒くても、小雨が降っていても、テラスに行きたがります。カフェではテラスは満席なのに、屋内はガラガラ、ということはしょっちゅう。冬場の日照時間が少ない土地なので、太陽の光を浴びるチャンスは逃さない！という気持ちに自然となるのでしょう。日焼けをできるだけしたくない日本人女性としては、テラスは好きでも太陽が直接当たる場所は避けたいのですが、彼らといると当たり前のように日当たりのいいテラスに連行されます。そして、ランチタイムの頃はとてもまぶしいので、サングラスをしてテラスで食事をとるのです。そこまでしなくても、と思いますが、これもパリらしい風景のひとつです。

もうひとつ、テラスが混んでいる理由は、タバコが吸えるから。法律で飲食店の室内は完全禁煙なのですが、テラスは例外。心置きなくタバコが吸えるため、スモーカーたちが陣取っています。寒い時期にはテラスに強力なストーブが置かれるのですが、そこもスモーカーたちの楽園。テラスでのランチもお茶もステキですが、タバコが苦手なひとは、どうぞ気をつけてくださいね。

4章

パリのランチスタイル

Le style de déjeuner à Paris

ランチでもアペリティフ / テーブルセッティングにこだわる / 家でも学校でもコース料理 / 食後のカフェはエクスプレス / パリの手作りベントー / カルボナーラなしでは生きられない / 週末はブランチで / ごはんを残すのはマナー違反？ / パリっ子的スマートに食べるテクニック

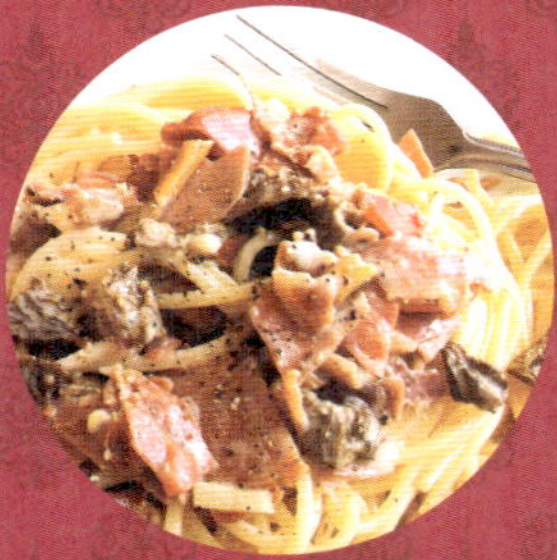
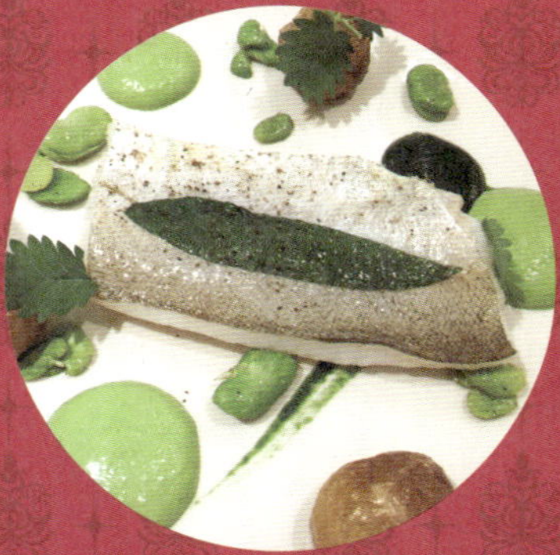
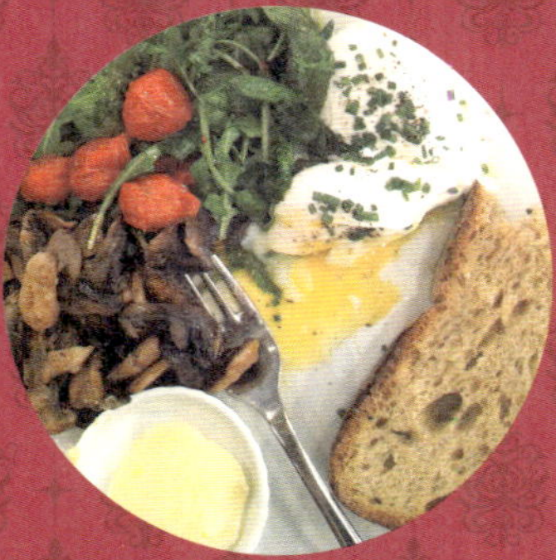
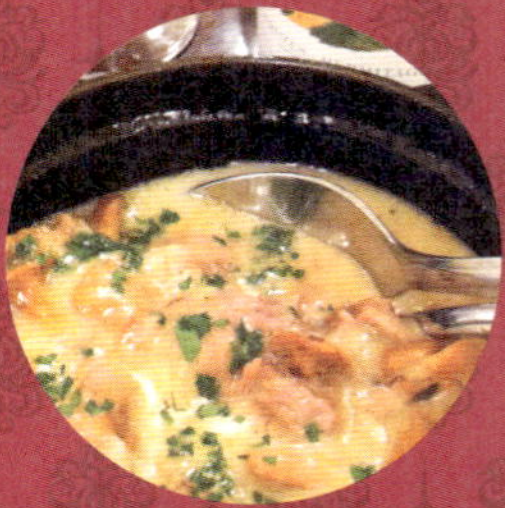
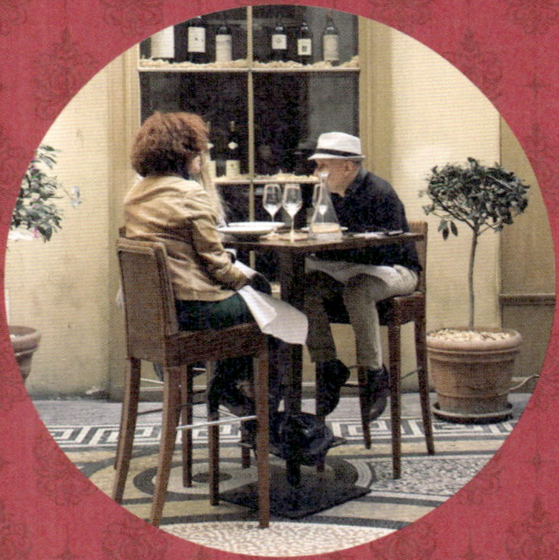

01 L'apéritif, même au déjeuner.
ランチでもアペリティフ

apéritif（アペリティフ　略して apéro アペロ）は日本語に訳すると「食前酒」ですが、ただ食事の前に酒を一杯飲む、ということにとどまらない、フランス人にとってとても大切な時間です。夕方6時から7時ごろに集まって、スナック、ナッツ、チーズ、ハムなどのフィンガーフードをつまみつつ、ビールやワイン、カクテル、シャンパーニュを片手に、ゆっくり話をします。アルコールが飲めないひとは、ジュースや炭酸水でもかまいません。家で一緒に食事をする場合はソファやテラスなどテーブル以外の場所で、レストランで食事をするなら、別のバーやカフェで待ち合わせを兼ねてアペリティフをします。この時注意したいのが、出てくるフィンガーフードを食べ過ぎないこと！　ひとつひとつは小さ

くても、ずっと食べていると、なかなかこれがおなかにたまるのです。特に家に招かれたときには、ホストがフィンガーフードの皿を持ってひとりひとりに回って勧めていくのが一般的なので、食べ過ぎてしまう傾向にあります。せっかく出されたものを断るのは良心が痛むのですが、食事を食べられないのはもっと失礼にあたってしまいます。ほどほどのおなか具合で食事をとれるように、アペリティフで食べる量は調節しましょう。もちろん、ここでの飲み過ぎも厳禁です。アペリティフは、あくまで食事前の時間でしかなく、本番は食事なのですから。

食事をせずに、アペリティフだけをカフェやバーなどでして、夕食の時間に解散することもあります。この習慣を知らずにいたときは、「このひとはわたしと食事をしたくないのかな？」とちょっと心配になったこともあったのですが、食事前にサラッと数時間だけひととすごすというのは、意外と気楽だということに気づきました。家族と食事をするひとは家に帰るし、家族がいなくても自分の時間を有効活用できます。食事

をすると深夜の0時を過ぎることはしょっちゅうあり、けっこう疲れますからね。もっとも、アペリティフのためだけに集まったのに、ついつい盛り上がってしまって、夜の遅い時間まで飲むことになる、というパターンも無きにしもあらずなのですが。

フランスに来たばかりの頃は、なぜ夕食の前にこんな時間が設けられているのかと不思議でした。おなかが空いているのにすぐに食事をしないのも疑問ですし、日本での忙しい生活が当たり前だった当時は、アペリティフの時間がもったいないような気えしていました。でも、慣れてしまうとアペリティフの時間は心地良く、逆にこれなしで食事が始まると、どうしていいのかわからないくらいになりました。なにか重要なことをしっかり話すわけでもなく、他愛もない世間話やうわさ話、最近あった楽しいこと、家族のこと、仕事のこと、恋の話をのんびりします。ちびちびとグラスを傾けながら、おしゃべり好きなひとたちは、まるで終わらない話をするかのように、ずっと語り合うのです。そのうちに、おなかが減って食事の時間がやってくるんですけどね。これが、だいたい夜の9時。夕食の時間自体は国全体で遅いのですが、このアペリティフの時間があることも、遅くなる理由のひとつです。

さて、夕方のことはなんとなくご想像いただけるかと思うのですが、アペリティフは、ランチタイムにもすることがあります。忙しい平日には、なかなか難しいでしょう。でも、休みの日に友人宅に招かれたなら、きっと「まあまあソファに座って、なにか飲む？　ワイン？」といって、ランチ前のアペリティフに誘われることでしょう。外食するときにも、アペリティフをします。レストランに予約を入れているなら、きっとその前には近くのカフェなどで。まずはひと息入れるために軽く一杯。この時間があることで、久しぶりに会ったひととも打ち解けられる時間ができ、より楽しく食事ができるようになるのです。

ランチ前のアペリティフ。ハムなどをつまみながら、ゆったり幸せな時間。

02 Être exigent sur la disposition de la table.
テーブルセッティングにこだわる

日本でひとを家に招く時、持ち寄りパーティー以外は、招く側がすべての料理を用意することが一般的だと思うのですが、パリではひとが来るときでも、買ってきたものですませることがよくあります。家に招くことが頻繁にあるので、毎回手をかけていては大変です。肉屋でも惣菜屋でも出来あいのおかずがたくさん売っていますし、場合によっては冷凍食品をオーブンで温めなおしたものが出てくることもあります。手料理が出てくると思い込んでいると、ちょっと拍子抜けすることも。ある日、ちょっとかしこまった関係の友人の家でランチに招かれて、とてもおいしいソーセージのパイが出てきました。「とてもおいしい！　どうやって作ったの？」とたずねると、「店で買ってきたからわからない……」という返事が。なんとなく気まずい雰囲気になってしまいました。
食事にこだわるにせよ、こだわらないにせよ、お客様を迎えるときに重

惣菜屋では、肉、野菜、魚などさまざまなおかずが売っています。プロの料理はやっぱりきれい。

要になってくるのが、食卓のデコレーション。テーブルクロス、ナプキン、ナイフ・フォークに食器類。これらを雰囲気よく整えていると、料理が手抜き（？）であっても、なんとなくステキな食事になるものです。アンティークのシルバー食器をコレクションしている友人の家に行った時、テーブルセッティングの大切さを感じる出来事がありました。アパートは小さめながら19世紀の家具をメインにコーディネートしてあって、どこか品格を感じさせる雰囲気。そして、テーブルセッティングがまたステキ。シルバーの燭台に、美しい絵柄のイタリア製の皿、ナイフ、フォーク類もすべてシルバー。シックな色合いの高級リネンのテーブルクロス。そして、うっとりするような食卓にのぼったのは、北京ダックとチャーハンのテイクアウトだったのです！　パリでいちばんと評判の店で買ってきたものだったので、クオリティの高い食事ではあったのですが、テーブルセッティングと食事内容の違いに少々びっくり。ですが、これがどうにも、おしゃれに見えてきて……。料理をがんばるのもいいけれど、それ以上にテーブルセッティングにこだわるのは大切なのかもしれない、と気付かされました。

03 A l'école ou bien même à la maison, entrée, plat et dessert.
家でも学校でもコース料理

entrèe（アントレ　前菜）・plat（プラ　メイン）・dessert(デセール　デザート) で構成されるフランスの食事。これはレストランだけでなく、家での食事、そして学校の給食でも同じです。

ずいぶん前の話になりますが、学生時代にパリの友だちの家に居候をさせてもらっていたときのこと。彼女はトマトをまるごと皿の上にのせてナイフとフォークで切って食べ始めました。あれ、これだけかな？ずいぶん少ない食事だな、と思っていると、その後にキッチンに戻って

---

1. レストラン「サチュルヌ」での華やかなアントレ。そら豆とマーシュのサラダ。
2. ワインショップ「ラヴィーニャ」のワインバーでのアントレ。生牡蠣のベーコンチップのせ。

3 4

steak haché（ステック・アッシェ　ハンバーグ）を焼き始めました。そして、それをまたテーブルに持ってきて食べ、食べ終わるとキッチンに戻り、そして最後に紅茶を入れて、チョコレートケーキを食べ始めました。トマトとステック・アッシェなんて、はじめにいっしょに用意しておけば何度も席を立たずにすんでラクなのに、と思っていましたが、前菜からメインという流れで食べないと落ち着かないのだそうです。
学校では、野菜やハムなどの前菜、肉や魚のメイン、そしてヨーグルト・ケーキ・果物の皿がトレイに同時にのってきます。学年が上の学校では、カフェテリア形式で選択肢は増えるものの、基本的な構成は変わりません。しかし、たとえ給食のように同時に3皿が出てきたとしても、フランス人は必ず前菜からメイン、そしてデザートという順番で食べ進め

---

3. レストラン「クローバー」の美しく繊細なプラ。メルランとそら豆。
4. ビストロ「ル・バラタン」のボリューミーなプラ。牛テールの赤ワイン煮込み。

ていきます。日本人の習慣からすると、好きなところから食べればいいのではないかとも思いますし、どちらかというとひとつの皿を先に食べ終わるのは(食後のデザートは別として)食事のマナー的にはあまり褒められないことのように思うのですが、フランスでは前菜・メイン・デザートの順番をしっかり守るのです。学校給食を食べる風景を見る機会はなかなかないかもしれないのですが、同じような形式の食事としては飛行機の機内食があるので、もしフランス人らしきひとを見つけたら、ちょっとだけ観察してみてください。きっと、前菜を食べ終わってからメインを食べているはずですよ。

---

5. ポルトガル料理店でのデセールはパステル(エッグタルト)。カジュアルに手でいただきます。
6. 流行りのレストランでのデセールは、シャーベットなど軽めのものが多い印象です。

04 Le café après le repas est toujours un express.
食後のカフェはエクスプレス

食事が終わったあとには、レストランでも家でも、必ずといっていいほどcafé（カフェ　コーヒー）を飲みます。コーヒーが好きではないひとは、紅茶やハーブティーを頼むこともあります。コーヒーを頼む場合は、ほぼ100％の確率でexpress（エクスプレス）を注文します。これはフランス語でエスプレッソのこと。いまはイタリア風にエスプレッソと呼ぶ店も多くなっているようです。「エクスプレスお願いします」と注文して、「エスプレッソ？」とサービスのひとに聞き返されることがありますが、同じものを指しているので気にする必要はありません。どちらかというと、エクスプレスというより、エスプレッソといったほうがおしゃれだという感覚があるようです。外国文化をおしゃれだと思うのはどの国も同じですね。もっとも、パリに住むイタリア人たちにいわせると、「パリのエスプレッソなんて薄くて飲めやしない」だそうですが。

ところで、食後には牛乳の入ったcafé crème（カフェ・クレーム　カ

フェ・オ・レ）や cuppucino（カプチーノ）を頼むことはめったにありません。お腹がいっぱいすぎて牛乳たっぷりの飲み物がもう入らないという理由のほかに、食後のコーヒーは消化を助けるために飲むものなので、牛乳が入っていると消化を邪魔すると思っているひともいるようです。ちなみに、日本の店で出てくる大きめのカップに入ったコーヒーは café filtré（カフェ・フィルトレ　フィルターコーヒー）と呼ばれ、パリではホテルのカフェや、コーヒーにこだわったカフェでないと置いていません。以前は、家庭用のコーヒーマシンは日本と同じように、このフィルターコーヒーが主流だったようですが、Nespresso（ネスプレッソ　ネスカフェ社のポッド式エスプレッソマシン）の急激な普及によって、家庭でもフィルターコーヒーを飲むことが減っているようです。若い世代では「フィルターコーヒーなんてダサい！昔っぽくてイヤ！」というひともいますが、これはあまりコーヒーにこだわりのないひとの意見で、いまはピガールの「KB Cofeeshop（カ

ーベー・コーヒーショップ）」やオペラの「Télescope（テレスコップ）」などに代表される、いわゆるサードウェイヴ系カフェを中心として、人気が復活しつつあります。

さて、フィルターコーヒーを置いていないレストランやカフェで同じようなものを頼むとなると、café allongé（カフェ・アロンジェ）という、エスプレッソにお湯を入れたものが出てきます。カフェ・アロンジェも食後に飲むことは少ないメニューですが、エクスプレスが濃すぎて苦手というひとにはいいでしょう。もしくは、エクスプレスにほんの少しだけ牛乳を加えた noisette（ノワゼット）というメニューも、苦味が得意でないひとにはおすすめ。初めから牛乳を加えてあるのが一般的ですが、牛乳が別の容器で出てくる店もあるので、そのときは好きなだけ加えてしまいましょう。

食後のカフェは、クセになります。砂糖は入れても、入れなくても、お好みでどうぞ。

05 Quelques bento parisiens faits maison.
パリの手作りベントー

ここ数年のbento（ベントー）の流行とは関係なく、パリにも家からランチを作って職場などに持っていくひとは以前からいました。ただし、日本の弁当のように彩りが美しく栄養バランスが考えられたものを想像すると、ちょっと拍子抜けしてしまうかもしれません。もっとザックリとしたものが一般的で、弁当というよりも、「家で食べるものをそのまま包んだもの」という表現が近い気がします。

サンドイッチとコンテナに入れたグリーンサラダ、昨夜作った肉料理をザバッとコンテナに入れたもの、ラップで包んだハムとチーズ、デザートにはリンゴをまるごと一個など、それほど時間も手間もかかっていない様子です。日本の弁当にインスパイアされて凝った弁当作りをしているひともいるようですが、それはあくまで少数派でしょう。ほとんどのひとは、節約のため、また健康のために、「買うよりは持っていったほうがいいから」という感覚でランチを手作りしているようです。

その中で、「これは日本には絶対にないな」と思ったメニュー例をひとつ。ランチタイムになり、ある友人が取り出したコンテナ。その中には、冷めて固まったトマトソースのスパゲッティ。朝から作ってきたの？と聞くと、昨日の夕ごはんの残りで、冷蔵庫に入れていたものをそのまま入れて持ってきたと。その場には電子レンジもなかったので、温め直しもできません。彼女いわく、「一晩おくと味がしみておいしい」のだそうで、麺の固さにこだわる日本人には考えられない柔らかいパスタが冷めて固くなったものを、うれしそうに食べていました。ちなみに彼女だけでなく、作ったパスタを一晩冷蔵庫に入れておき、それを食べるというひとは、わりにいるようです。料理の温度やパンのカリカリ感にあれだけこだわっているというのに、なぜパスタにはこうもこだわらないのか不思議でなりませんが、これもフランスの食文化のひとつなのですね。

06 Ils ne peuvent pas vivre sans pâtes à la carbonara.

カルボナーラなしでは生きられない

誰にでもお金がない時期というものはあるもので、多くのひとの場合、それは学生時代でしょう。日本の学生のお助けアイテムといえばインスタント麺ですが、フランスの場合は pâtes à la carbonara（パット・ア・ラ・カルボナーラ　カルボナーラのパスタ）です。材料はパスタ、たまご、ベーコン、生クリーム、チーズだけ。パスタもベーコンも乳製品も、日本とは比較にならないほどフランスでは安価なので、とにかく節約になります。しかもかなりの高カロリーで、エネルギーが必要な若い学生にぴったりなのです。フランスの学校は入学するより卒業するほうが難しいとされていて、在学中はかなり勉強に集中しなくてはいけません。料理に時間をさけない学生にとって、フライパンひとつ、しかも短時間で作れるのも、このメニューのいいところ。

ただし、テクニックが必要なのが、ちょっとやっかい。うっかりすると、スクランブルエッグになってしまったりもします。学生はみんな、自称「カルボナーラ名人」で、友人同士が集まるとコツを披露しあったりするそうです。友人のひとりに上手に作るコツはなに？と聞いたところ、「ぜんぶの材料をケチらずたっぷり入れること」という、コツとも言えないような答えが返ってきました。またほかのひとに聞くと、「必ずフライパンの温度が下がってからたまごを加えて、たまごを固まらせないこと」と、これまた当然のような答えしか返ってきません。そんなの当然でしょう、というと、「それがね、毎日出来が違って、なかなかむずかしいんだよ」とのこと。繰り返し繰り返し、カルボナーラを食べ、学生を終えるころには飽きてしまいます。でも、それも青春の味。友人たちは、たまに作ってみては、学生時代を懐かしむのだそうです。

カルボナーラはアレンジも楽しめるメニュー。秋にトランペット茸を入れて香りよくしました。

07 Le week-end, on brunche.
週末はブランチで

ブランチの習慣がいつからフランスにあるのかはわからないのですが、現在パリではブランチができる店が大流行しています。ちなみに、ブランチはフランス語でも英語のままの brunch（ブランチ）。土日の昼前、11 時から 12 時ごろに集まって、家族や友だちとのんびりブランチ、がちょっとオシャレなスタイルです。雑誌やインターネットの情報サイトでは、たびたび「おすすめブランチの店」といった特集が組まれるほどで、ブランチの人気店はいつも予約でいっぱい。平日はそれほど混んでいないカフェでも、ブランチのある週末だけは大混雑しているということもあります。

ブランチが食べられるのは、カフェやカジュアルなレストラン、そして

高級なところではホテルのティールームやレストランなど。多くの店では、週末のブランチのために特別メニューを用意していて、パン、ヴィエノワズリー（クロワッサンなどの菓子パン）、たまご料理、サラダ、デザート、コーヒー、ジュースなどで、店にもよりますが25ユーロ（約3500円）くらいで食べられます。これに、シャンパン、ワイン、ビールなどを合わせて楽しむのです。値段だけ見るとあまり安くはないのですが、とにかく店にいる時間が長いので、レストランとカフェの2軒に行くことを考えると、むしろリーズナブルです。わたしが好きなのは、プラス・ド・クリシーにある、「Le Bal（ル・バル）」。大きなギャラリーに併設された小さなカフェで、スモークサーモンや目玉焼きなど、よくチョイスされた食材をシンプルに食べさせてくれます。香ばしく焼き上げられた自家製スコーンもお気に入りです。

---

1. サンマルタン運河の「ホリーベリー」はコーヒーのクオリティの高さも人気の秘密。
2. 「ル・バル」でのブランチの例。シンプルなメニューで、素材の良さが味わえます。

ブランチといえども、午前に集まったのに、午後3時や4時くらいまでなど、かなりの長時間に及ぶこともしばしば。はたしてなにをしているのだろうと不思議に思われるかもしれませんが、実際には特別なことはなにもしていません。食べて、飲んで、おしゃべりしているだけです。親に連れてこられている子どもたちはたいくつそうにしていますが、仕方ないといった表情で、ジュースやお菓子などを食べて静かにしています。食べ物、飲み物がなくなっても、かまわず居座り、ただの水だけでしゃべり続けていたりします。客は追加注文をしないことを悪いと思うこともなく、また店側もわざわざ注文を取りにくることもしません。
ブランチが好まれる背景には、フランスの伝統的な週末のランチの習慣があるのでは、と思います。いまでも地方では、ゆっくり食べる週末のランチタイムの習慣が残っており、週末のためにおばあちゃんが数日かけて煮込みやローストの料理を作り、家族みんなをもてなすのです。食

「ホリーベリー」の一日中食べられる朝食セット。たまごの調理法、付け合わせを自由に選べます。

べ尽くせないほどの料理を、時間をかけて食べ、夕方まで家族ですごします。都会であるパリでは実家が地方にあるひとも多いため、おばあちゃんの家に週末ごとに行くことはまずないとは思いますが、きっとブランチはこんな昔ながらの食習慣にマッチしたのでしょう。

せっかくの週末、ほかのこともしたくなりがちなひとにとっては、彼らと同じくらいの長い時間をブランチに費やすのには、かなりのトレーニングと発想の転換が必要です。旅行で長時間をブランチにあてるのは少しもったいない気もするかもしれません。でも、週末に時間がとれるなら、ぜひパリのひとたちに混じってブランチをしてみてください。食べる・飲むためだけにゆったり過ごすことこそ、パリのひとびとにとっては至福なのです。時間がもったいない！と思うことなくブランチをのんびり楽しめたなら、パリでの休日を味わえたといえるかもしれません。

08 Est-ce mal poli de laisser de la nourriture dans son assiette?

ごはんを残すのはマナー違反？

パリの食事は、日本人の感覚からいうと、かなり量が多めです。フランスのほかの地方と比べれば少なめなのですが、メニューにより差があるとはいえ、だいたい日本の食事の倍の量はあると考えて間違いありません。では、その食事をすべて食べ切らないといけないかというと、答えはノン。出身地や世代により感覚の違いもあるとは思うのですが、一般的にパリでは食事を残すことは、それほど責められることではありません。

まず、店側は、量が少ないとなるとその店の評判に関わってしまうので、誰もが満足する十分な量を出すように気をつけています。もともと身体の大きさの違うフランス人と日本人では、食べる量が違うので、フランス人が満足する量となると、日本人にとって多いのは当たり前。そして、フランス人といっても性別・年齢・食欲によって食べる量もさまざまですし、そしてなにより、日本ほど「もったいない」という概念が少ないため、残すのは普通だと思っているひとも多いようです。以前、フランスの地方の

学校に通っていたとき、クラスでの会食で先生がしきりに「エリコ、多いなら残していいんだからね」といってくれていました。それまで食べきらなければいけない、と思っていたわたしは、先生たちが毎回「残していいよ」といってくれて、そのたびにホッとしたことを覚えています。

日本人としては、食事を残すのは作ってくれたひとに失礼だし、もったいないし、という感覚でできれば食べきりたくなるものですが、がんばりすぎる必要はないでしょう。旅行のときは特に、胃を悪くしてしまっては、その後の楽しみが半減してしまいます。食べ物を残さないにこしたことはありませんが、もしレストランで残してしまったときには、ニコッと笑って、「C'était très bon!（セ・テ・トレ・ボン　とてもおいしかったです）」とサービスのひとにいえば、味ではなく量の問題で残してしまったということが伝わるでしょう。

09 Techniques pour manger avec classe parisienne.
パリっ子的スマートに食べるテクニック

パリのひとたちと食事をしていると、実にスマートかつスピーディーに食べ終えているのに気づきます。しかも、いっしょにいるひととの会話を途切らせることなく、パパッと食べ終えているのです。ちなみに、パリっ子たちの間に「沈黙」という文字はありません。とにかく、しゃべる、しゃべる、しゃべる！ 食事中であっても、お構いなしにしゃべり続けます。ひとの話を全部聴き終えるいうことはまずなく、会話の途中で自分の意見をかぶせていくのが普通。それに対して失礼だとは、誰も思っていません。だから、自然と全員がほぼ黙ることなく、話し続けることになるのです。むしろ、意見を言わないと「ちゃんと話に参加してるのかな？」と不安がられるほどです。そして、会話が途切れそうになると、新たなトピックを持ちだして、とりあえずつなぎます。例えば、その場にいる誰かの彼氏の話をしていて場が盛り下がりそうになったら、

他の誰かが今探しているアパートの話へ移行するなど、ぜんぜんつながりがなくても、その新しい話題に、何事もなかったかのように全員がついていきます。あれ？さっきの話はどうなったんだろう？と思うこともしばしば。でも、誰も気にしないようです。

さて、話しつつ食べていても、いつの間にかまわりのひとの皿の中はからっぽ。一方わたしはというと、いつもモタモタと食べていて、話に加わろうとすると料理はいっこうに減ることがなく、結果的にみなさんを待たせることになってしまいます。どうやったら他のひとのように食べることができるのかを知りたくて、ある時からパリっ子たちの食事の仕方を観察することにしました。

まずわかったのは、一口がとにかく大きいこと。若い女性でも、上品ぶることなくパクッと大口を開けています。大口を開けても下品に見えないのが不思議ですが、一瞬のことなのでそれほど気にならないのでしょう。肉でも魚でも一口分が大きいため、切り分ける回数も自然と少なくなり、時間の節約にもなっています。さて、口に入れたなら、少し噛んで、あっという間に飲み込んでしまいます。ちゃんと噛んでないでしょう？と思うほど、すぐに飲み込んでしまい、そして次の瞬間にはおしゃべりに再参加しているのです。時間がかかりそうなステーキでさえ、数分で食べ終える猛者もいます。

この食べ方のテクニックに気づいて、友人に伝えてみたところ、「そうなの、みんな食べるの速すぎるんだよね。きっと日本人みたいにゆっくり食べたら、消化にもいいからヘルシーだと思うけど、これは習慣だから直らないかもね」と言っていました。あまり速く食べるとたしかに胃に悪そうですが、会話を途切れさせず、スマートに食べるテクニックは、いつか手に入れたいもの。そういえば最近、わたしも噛む回数が少なくなってきた気がします。彼らの食べ終わるスピードには、まだまだ追いついていないのですが。

142

LES SAVEURS
DE NOTRE FOOD HALL

143

Pour conclure
おわりに

パリに旅行に来て、店のひとが無愛想で気分を悪くした、という声をよく聞きます。残念ながら、地方出身者、また外国人が多いコスモポリタンであるパリでは、気のいいひとばかりではなく、イヤな思いをすることもよくあります。ただ、それを補って余りある魅力的な食文化があるのも事実。昔ながらのカフェ、地方料理のビストロ、世界中からやってきた移民がもたらす各国料理の店。街を歩いていると、まるでいろんなところへ旅しているような気分になれます。そして、ちょっと無愛想な店員も、話してみるとけっこういいひとだったりして、またこの街が好きになるのです。

ここに紹介できたのは、パリの食のほんの一部。情報は毎日更新され、追求しきることはありません。ただし、その動きも東京やニューヨークほどスピーディーなわけではなく、なんとなくゆるやかなのが、この街のよいところです。

パリにいらしたら、ぜひ観光地だけでなく、いろんな地区に出向いてそこに暮らすひとの食を体験し、空気を感じてください。この本が、みなさんのパリでの食の aventure（アヴァンチュール　冒険）の手助けになりましたら、幸せに思います。

8 14
DEFENSE
DE
FUMER
Wi Fi
Entrez
NOUS SOMMES
OUVERTS
sodexo

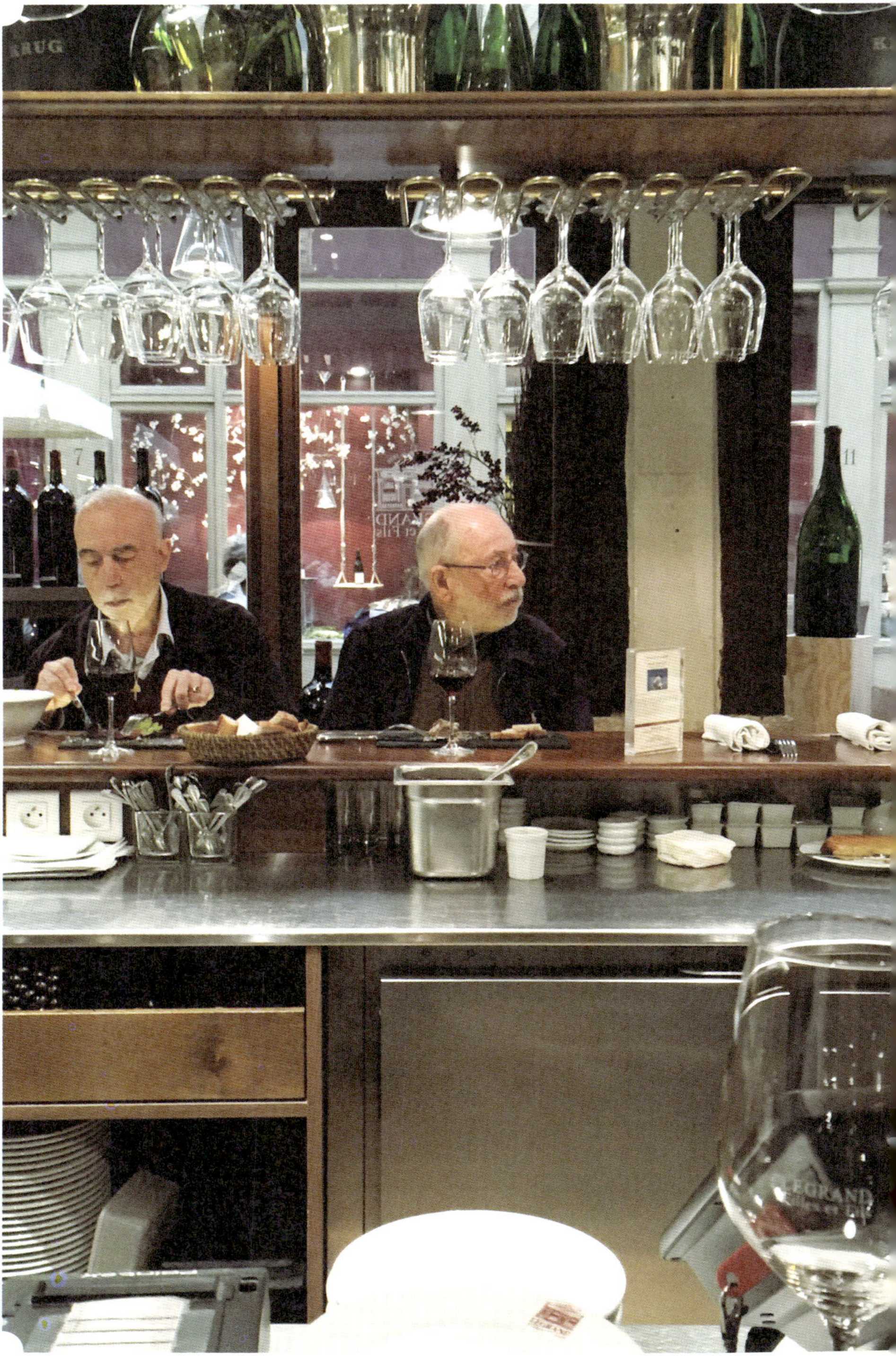
KRUG

A Priori Thé

~ Time

- scones maison de 3 à 7€
- desserts maison de 4 à 7€

boissons

- Une chocolat maison traditionnel chaud ou froid — 6,5€
- Notre sélection de Thés Damman — de 5,5 à 6,5€
- Nos jus de fruits maisons — 5€
- Les boissons fraîches — 5€

Bonne après-midi à tous !

吉田恵理子 (Eriko Yoshida)

パリと東京に拠点を置くワイン＆フードライター。フランス国立ランス大学高等美食学研究院にて学び、同研究院ディプロム（大学院資格に相当）取得。英国ワイン＆スピリッツ教育財団（WSET）アドヴァンスト資格所有。ワイン、特にシャンパーニュを飲んでさえいれば幸せな、生粋の酒飲み。

私のとっておき 40
ランチタイムが楽しみなフランス人たち
2015 年 10 月 23 日　第一刷発行

著　者	吉田恵理子
撮　影	吉田恵理子
ブックデザイン	清水佳子
発　行	株式会社産業編集センター 〒 112-0011 東京都文京区千石 4 - 3 9 - 1 7
印刷・製本	株式会社シナノパブリッシングプレス

© 2015 Eriko Yoshida　　Printed in Japan
ISBN978-4-86311-124-0 C0026

本書掲載の写真・イラスト・文章を無断で転記することを禁じます。
乱丁・落丁本はお取り替えいたします。